未来を拓くキャンパスのデザイン

日建設計　岩﨑克也　編著

彰国社

デザイン＝水野哲也（Watermark）

刊行に当たって

　21世紀に入り、大学をはじめとした教育施設のあり方は、大きな変換点を迎えています。これからのキャンパス・学修環境には何が期待されているのでしょうか?
　日本では、従来の価値観や枠組みの見直しが行われ、あらゆる分野での改革が推進されています。教育分野に目を向けても、国立大学の独立法人化をはじめ、ICTによる教育の推進、小学校からの英語授業の導入といった変革が起きています。教育の場を拡張し、専門領域を横断した企業との連携・連環なども活発になり、社会改革の動きには目覚ましいものがあります。
　さらには、2018年以降の18歳人口の減少や、現在、東京都23区内では、一部の特例を除き、新たな学部を新設できないという動きがあることに伴い、各大学が生き残りをかけて、さまざまな模索をしています。私たち建築設計者も、これらにどのように向き合っていくべきかを真剣に考えていく必要があるのではないかと考えます。

　転換期を迎えた今、これからの教育施設を計画する学校法人や関係者は何を目指し、一緒に計画にかかわる私たち設計者は、それにどう応えていくべきかを考えていく必要があります。本書のベースとなったセミナーの企画はこういった議論からスタートしました。
　これからの学校経営の舵取りを真剣に考えている法人の関係者、それらをハード面で実行していく施設管財関連の方々、実際の運用面でかかわるファシリティー部門の関係者、クライアントの想いをかたちにしていく私たち建築設計者と、インテリア、家具など建築空間と密接に関連するすべてのプロフェッショナルの方々に向けて、セミナーの成果を広くお伝えしたく、書籍として発刊することにいたしました。
　教育のありようとしての姿をこれからの未来に拓く必要から、本書のタイトルを「未来を拓くキャンパスのデザイン」としました。

　本書は、以下の三つのテーマで構成しています。
　第1章は「地域とキャンパスとの新しい関係を創る!」、第2章は「これからの学修環境を考える」、第3章として「大学の枠組みを超えたオープンイノベーションとは?」です。各章は発表者による発表の後に、大学関係者、そして設計者、インテリアや家具の関連の方々が一つのテーマについて双方向から議論をすることで、さまざまな方策や新しいアイデアを出し合うワークセッションという面白い企画を試みています。そして、巻末に四つの都市型キャンパスをケーススタディとして紹介する資料編を加え、本書は編まれました。
　本書が、未来を拓くこれからのキャンパス、このもつ意味と可能性を探り、キャンパス創りにかかわるすべての方々が新たなデザインに繋げていく一助となることを願っています。

2018年8月

日建設計　岩﨑克也

刊行に当たって 3

第1章
地域とキャンパスとの新しい関係を創る！ 6

ESSAY 　時間軸から読み取る都市とキャンパスの繋がり 8
　　　　ハーバード大学の変遷 9　　明治大学駿河台キャンパスの変遷 10

LECTURE 1 　キャンパスから都市を、都市からキャンパスを考える 12
　　　　岩﨑克也

LECTURE 2 　地域に開く、大阪いばらきキャンパスの計画 20
　　　　及川清昭

LECTURE 3 　早稲田キャンパスと戸山キャンパスの現状と整備計画 28
　　　　北野寧彦

WORK SESSION 　地域とキャンパスとの関係をめぐるワークセッション 36

COLUMN 1 　アクティビティーサーベイ　東京理科大学葛飾キャンパス 44

COLUMN 2 　視察レポート　立命館大学　大阪いばらきキャンパス 48

第2章
これからの学修環境を考える 50

ESSAY 　時間軸から読み取る学修環境の変遷 52
　　　　18歳人口と高等教育機関への進学率等 53　　ラーニング・スペースの設えの変遷 54
　　　　ラーニング・コモンズの設えの変遷 56

LECTURE 1 　アメリカ東海岸トップ大学のキャンパス施設とつくり 58
　　　　上甲 孝

LECTURE 2 　欧米の学修環境から考える日本の教育施設のあり方 66
　　　　岩﨑克也

CASE STUDY 1 　広がり繋がる学びのカタチ 74
　　　　岡 純平

CASE STUDY 2	オフィス事例から類比する都市への学びの場の再配置　76
	若原　強
WORK SESSION	これからの学修環境をめぐるワークセッション　78
COLUMN	視察レポート　上智大学四谷キャンパス6号館ソフィアタワー　83

第3章
大学の枠組みを超えた
オープンイノベーションとは？ 86

ESSAY	時間軸から読み取る産学連携の展開　88
	1991〜2017年にわたる企業との協働：東海大学　89
	慶應義塾大学の展開　90
LECTURE 1	オープンイノベーションに向けた空間からの発信　92
	岩﨑克也
LECTURE 2	慶應義塾の共同研究施設とタウンキャンパスの展開　98
	繁森　隆
LECTURE 3	大学博物館の実践型研究と産学協働の可能性　102
	洪　恒夫
WORK SESSION	オープンイノベーションをめぐるワークセッション　108
COLUMN	視察レポート　沖縄科学技術大学院大学　112

資料編
都市型キャンパスの
四つのケーススタディー 114

　　　　明治大学駿河台キャンパス　グローバルフロント　116
　　　　慶應義塾大学三田キャンパス　南校舎＋三田インフォメーションプラザ　122
　　　　東京理科大学葛飾キャンパス　128
　　　　上智大学四谷キャンパス 6号館ソフィアタワー　138

あとがき　147

CONTENTS

本書は2017年に開催された「これからのキャンパスを考える研究フォーラム」における
発表内容をベースに編集の上、増補し、まとめたものです。「研究フォーラム」の活動：
フォーラム3回、キャンパス視察3回、参加人数は延べ210人。詳細はpp..148−149参照。

東京理科大学葛飾キャンパス

第1章
地域とキャンパスとの新しい関係を創る！

時間軸から読み取る都市とキャンパスの繋がり

　キャンパスは、中世ヨーロッパまで遡りイタリア、フランスで神学・法学・医学を学んでいた人々が地方から都市に集まり、教師や学生たちの自治組織「ウニベルシタス」を形成した所とされて、これがユニバーシティの起源と言われています。

　都市型キャンパスは、教育研究や学生生活に都市の賑わいが有益であるし、大学経営の観点からも魅力的です。たとえば、ハーバード大学は、地域と学生が共存し、企業と大学が連環しながら、キャンパスの歴史を育ててきました。大学が創建されたオールドヤード（1700年代）を中心とした当初のキャンパスは、塀と門に囲まれていました。その後、時代とともに変化を繰り返し、敷地の拡張を行いながら、ボストンという地域に開かれていきました。教会やホール、博物館は街とのエッジ（街とキャンパスの境界）に位置しており、大学のグッズ売り場や食堂などのあるスチューデントセンターは一番賑やかな街の中心に位置しています。今や、週末ともなるとキャンパスの緑豊かな中庭は、観光客と学生で賑わっています。

　第1章では、地域と大学との新しい関係をつくるというテーマで、国内外のキャンパスを例示して考察していきます。

ハーバード大学の変遷

ⒸHARVARD Planning Office, September 2017

第1章 地域とキャンパスとの新しい関係を創る！

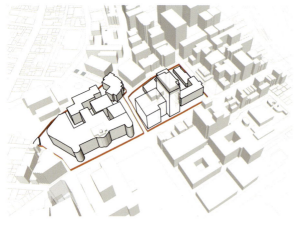
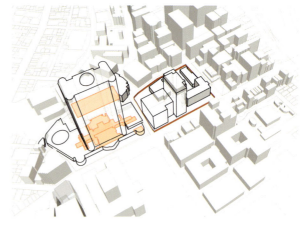

～1988 1989～1999

明治大学の動き
　　　　　　　　　　1980　創立100周年　　　　　　　　　　　　　　　　　　　　1998　リバティタワー竣工

1960　工場等制限法
　　　制限区域内における一定面積以上の工場、大学の新設・増設などの制限

教育界の動き（キャンパス立地の規制等）

　　　1974〜　出生率が2.08を下回る
　　　1973　オイルショック、第二次ベビーブーム
　　　1972　沖縄返還　　　　　　　　　　　　　　1995　阪神・淡路大震災
　　1969〜70　全共闘運動、安保闘争　　　　　　 1993〜2005　就職氷河期、非正規雇用増加
　　1960〜　学生運動　　　　　　　　　　　　　　1992　18歳人口のピーク
　　　　　　　　　　　　　　　　　　　　　　　1986〜1991　バブル景気

世の中の動き

明治大学駿河台キャンパスの変遷

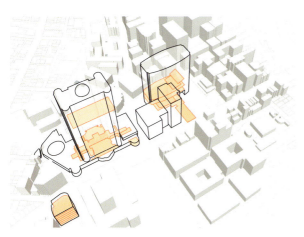

2000〜2008

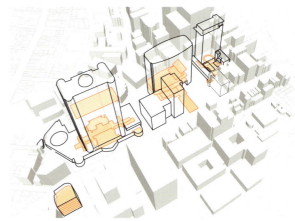

2009〜2018

2014　「スーパーグローバル大学創成支援」
　　　（タイプB）に採択される
　　　タイプB：国際化の取組みを牽引する大学が対象
2013　グローバルフロント竣工
2011　大学院先端数理科学研究科開設
2009　平成21年度国際化拠点整備事業（グローバル30）に採択される
　　　大学の国際競争力を高め、能力の高い留学生と日本人学生が切磋琢磨し、
　　　国際的に活躍できる人材を養成する大学を国が支援する。

2004　アカデミーコモン竣工、法科大学院開設
2001　創立120周年・創立者生誕150年記念
2000　知的資産センター設立

基本資料提供：明治大学

2002　工場等制限法の廃止
　　　制限区域内における一定面積以上の工場、
　　　大学の新設・増設などの制限を廃止。
2005　大学進学率50％超
2018　18歳人口の減少、大学受験の変化

2008　世界的金融危機　　2011　東日本大震災

2020　東京オリンピック開催（予定）

第1章　地域とキャンパスとの新しい関係を創る！

キャンパスから都市を、都市からキャンパスを考える

日建設計 設計部長 **岩﨑克也** Katsuya Iwasaki

　私はこれまで欧州、アメリカ西海岸・東海岸等に大学キャンパスの視察に行きました。これら海外視察で得た知見や、私が実際に手がけた教育施設の紹介を交えながら、設計者の視点から「地域とキャンパスの新しい関係」について述べたいと思います。

新しい都市型キャンパスに対する期待

　今、都心のキャンパスは次の時代を見据えた変革が求められています。その理由は大きく二つありますが、一つは「キャンパスの都心への回帰」です。2002年以降、国の施策として「高等教育分野における規制改革」が加速すると、大学はそれまで厳しく規制されてきた学部の教育課程の大幅な編成の自由を認められ、その結果、新しい名称や教育課程をもつ学部が新設できるようになりました。

　また、1960年頃に成立した「工場（業）等制限法」によって都心で大規模キャンパスの開設が制限されるなか、規模拡大を目指した大学は郊外へと移転していきましたが、2002年にこの法律が廃止されると、大学は学生確保の観点から都心へ回帰するようになりました。こうした政治的改革をきっかけとして、長年、狭隘な敷地の中で硬直化していた都心キャンパスを再編しようという動きが進んでいます。

　もう一つの理由は「2018年問題」です。2018年以降、18歳人口の減少期と連動して大学進学者の減少が予想されています。この「2018年問題」は国公立・私立を問わず、経営と学力維持の両面で大学の深刻な課題となっています。このような時代背景のなか、生き残りをかけて従来と違う施策を模索している各大学は、新しい都市型キャンパスに大きな期待を寄せています。

キャンパスを都市に開く

　1960年代半ばの大学紛争の結果、日本の大学キャンパスは都市の中で塀によって閉ざされましたが、近年、都市と大学の関係が変化するなかで「キャンパスを都市に開く」というあり方に変わりつつあります。この新しい都市型キャンパスの大きな魅力は、学生時代から社会と連携する意識を育む環境にありますが、そのメリットは次の3点に整理することができます。

　一つ目は「教育研究」の観点です。近年の学術は専門分野に特化するだけでなく領域横断型の知恵が求められるようになり、座学にとどまらず、実学フィールドワークや産学官民・地域連携が重視されています。こうしたなかで、大学は市民・企業・自治体との連携を現場レベルでより深める必要性が高まっています。

　二つ目は「学生生活と都市の賑わい」という観点です。街に学生が増えることで、学生生活の場の延長として都市が活気づきます。また学生の働く環境としても有用です。加えて学生や教員は、高密度化した利便性の高い都市のメリットを活かして、自らのネットワークや知見を広げることもできます。こうしたことは他大学との交流や就職活動にも寄与します。

　三つ目は「大学経営」の観点です。都市の魅力とキャンパスの立地そのものが、優秀な学生・教員・非常

MIT（マサチューセッツ工科大学）

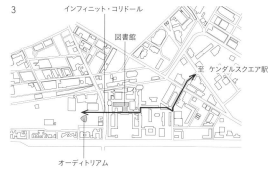

1　MITのキャンパス ｜ 2,3　インフィニット・コリドール

勤教員を集める要因になります。この傾向は実験・研究機能をもつために広い面積を必要とする理工系学部よりも、文科系学部に強いようです。

産学の連携が生み出す街の魅力

今わが国で求められている新しい都市型キャンパスのあり方に関する参考事例として、私が視察してきた海外の三つのキャンパスをご紹介したいと思います。

はじめはアメリカ東海岸の都市ボストンにある理工系の名門、MIT（マサチューセッツ工科大学：写真1,2）です。MITのキャンパスに隣接するケンダルスクエア地区の周辺にはコンピュータやソフトウェア、バイオテクノロジー等の企業のオフィスがあり、優秀な学生や研究者とそれを求める企業がWin-Winの関係で共存しながら、街の魅力を形成しています。ここではキャンパスが優良企業を誘因するマグネットの役割を担いながら都市の発展に密接にかかわっているのです。また、ケンダルスクエアの駅前からキャンパスの中までは「インフィニット・コリドール」という空間が続いており（図3）、建物を繋ぎながら小径のように走るこのモール状の空間によって雨に濡れずに移動することができます。日本でも大通りより裏道に人気があったりしますが、キャンパス計画においてもこのような動線をうまくつくることが重要だと感じました。

街と建物の連続性を生み出す手法

次にご紹介するのは同じくボストンにあるハーバード大学です。世界の大学で常に上位に挙げられるこの大学とその周辺はいつも活気が溢れ、それ自体が一つの街として形づくられています。キャンパスの中心は「オールドヤード」と呼ばれる場所で、その周辺には1960年代以降にホセ・ルイ・セルトやル・コルビュジエ、レンゾ・ピアノといった建築家たちが手がけた比較的新しい建築群が立ち並びます。ここで注目したいのは、これらの建物に対するアプローチです。

歴史あるキャンパスに建つ建物というのはシンメトリーであったり、正面性をもつかたちが多いのですが、この「オールドヤード」周辺の建物は内と外の連続性をつくり出すためにコーナーやパッサージュから内部に入る建物が多いのです（写真4〜7）。キャンパス内を歩く人がそのまま自然に建物に入るようなつくり方が

ハーバード大学のコーナーアクセス

4　コーナーに入口がある建物の例 ｜ 5,6,7　パッサージュと入口が一体的にデザインされた建物の例

なされています。余談ですが、ハーバードでセルトに学んだ槇文彦が帰国後に手がけた「代官山ヒルサイドテラス」などでも、こうした手法によって街と建物の連続性がうまく創り出されています。

キャンパスを街のようにデザインする

最後にウィーン経済・経営大学をご紹介します。

この大学はコンペによって選ばれたBUSアルクテクチュールがキャンパスのマスタープランを手がけており、彼らのマスタープランに沿って、各建物のデザインをザハ・ハディドや阿部仁史、ノマドアーキテクトといった著名な建築家が手がけています。

ベースとなるマスタープランは、人々のアクティビティやランドスケープなどをその構成要素にしていますが、そのなかでも特に大きな役割を担っているのが広場です。キャンパス内にはそれぞれ「フォーラム」「パティオ」「ステージ」「リラックス」「エキスポ」「ラウンジ」という名称とその名称の特徴を備えた六つの広場が設けられています。

この六つの広場を簡単に紹介します。

まず、キャンパスの入口に面したところにあるのが床レベルの変化に富んだ「フォーラム」です。この広場に面して本屋さんやキャンパスの売店があり、いつも人の賑わいがあります。ランチの時間帯にはサービスするワゴン車がここに止まります（写真8）。

次に、BUSアルクテクチュールが設計を手がけたD棟という建物の足元に設けられた「パティオ」です。ここはレベル差の設けられた床にテーブルや椅子が置かれています（写真9）。

キャンパスの中央にはザハ・ハディドの設計した図書館があり、その目の前にあるのが「ステージ」と呼ばれる階段状の広場です。正面にある大きな公園に開かれた、キャンパス唯一の公共空間で、建築とランドスケープが向き合うような空間はイベント会場としても利用されています（写真10）。

「リラックス」は水盤と植栽によってデザインされ

ウィーン経済・経営大学

8 フォーラム ｜ 9 パティオ ｜ 10 ステージ ｜ 11 エキスポ

た広場です。広場の階段が建物の2階レベルに繋がっています(写真13)。

カフェに面した「エキスポ」という広場は、いつも賑わいのある空間です。カフェの外には椅子が並べられていて、都市の街角のように人々のアクティビティを感じられます。人の動線が交わる場所を積極的にパブリック空間にするという工夫が見て取れます(写真11)。このあたりにはところどころに通り抜けできる空間があり、意図的に人の動きを複雑化させています。このような選択肢のある経路の設定も、このキャンパスをより魅力あるものにしています。

最後にキャンパスのもう1カ所の入口の側にあるのが「ラウンジ」という広場です。人工芝と緑を使った緩やかな起伏のあるランドスケープの中で、学生が寝そべることができる空間です(写真14)。

このようにウィーン経済・経営大学は六つの広場を創り、多様な外部空間と建築の関係に充分な注意を払い計画された都市型のキャンパスです(図12)。視線の高さの操作や材料の違いなどが計算されていて、この外部空間の多様性は、そのまま建築の内部空間にも引き継がれ、キャンパスとしての豊かな空間の連続性の強化を図っています。

キャンパスのデザインを通して街の魅力を生み出す

ここからは私が実際に携わったプロジェクトを通して、「新しい都市型キャンパス」に対する考えを述べます。

最初はJR御茶ノ水駅前にある明治大学駿河台キャンパスです。このプロジェクトではキャンパス内に新しいタワーと中庭空間を提案しました。駅方向からキャンパスを見たときに、既存の「リバティタワー」「アカデミーコモン」、そして新しく計画する「グローバルフロント」(写真15)という三つのタワーが形成する新しい「大学の顔」を創り出そうと考えました。

設計上のテーマとしては敷地の高低差を建物の内部にも取り込むこと。そして「リバティタワー」の屋上

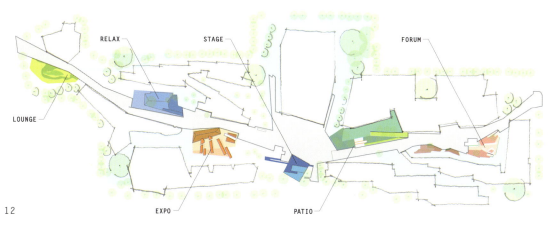

12 ウィーン経済・経営大学のキャンパス計画 | 13 リラックス | 14 ラウンジ

の庭と「アカデミーコモン」の明大スクエアと呼ばれる広場、それに今回の「グローバルフロント」の足元のステップコート(写真16)という三つの空間を回遊できるようにすることでした(図19)。

また、明大通りをキャンパスと見立てて、そのところどころにロビーや図書館、カフェなどを配置することで、キャンパスのパブリックスペースが街に滲み出るように計画しています(写真17,18)。ともすると雑居ビルで埋め尽くされてしまう通り沿いのこの場所に奥行と広がりを与え、拡張しながらネットワークを構築する都市のパブリックスペースを生み出しています(参考文献39)。

次に紹介する慶應義塾大学三田キャンパスは、特徴的な中庭とそこに集まる学生や卒業生たちが街に賑わいをもたらしているキャンパスです。計画した場所には建替え前も中庭を囲み道路から中庭に至る約6.6mのレベル差を階段で上っていく建物が建っていました(図22)。このプロジェクトではゲート状の「キャンパスゲート」を設け(写真23)、この空間と6.6mの階段によって、都市とキャンパスの領域を緩やかに分けています。中庭は六大学野球の優勝パレードの終点でもあるので、キャンパス内の大きな音が街に漏れないようにその形状に留意しながら、ガラスを多用して視線の抜ける「キャンパスの顔」を創り出しています(写真20,21　参考文献32)。

「都市と共生する」このようなキャンパスは、街に活気や新たな特色を生み出し、その街のブランディングに大きく貢献します。

都市型キャンパスを「大学＋α」で再編する

次に行政や民間デベロッパーと連携しながら「新しい都市型キャンパス」をつくり上げた事例を紹介します。

明治大学駿河台キャンパス グローバルフロント

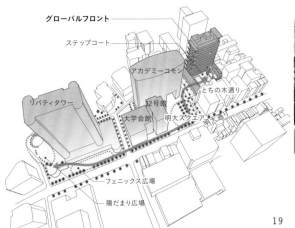

15　明治大学駿河台キャンパス「グローバルフロント」　|　16　「グローバルフロント」のステップコート　|　17　とちの木通りから低層部を見る　|　18　低層部にはロビーやカフェが配置されキャンパスの賑わいが街に滲み出る構成とした　|　19　明治大学駿河台キャンパスのオープンスペースを繋ぐ概念図

慶應義塾大学三田キャンパス 南校舎

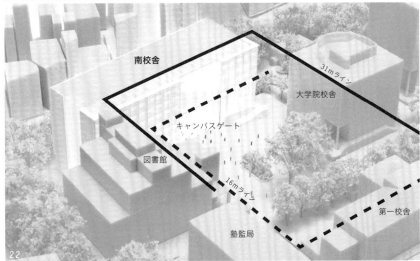

20 通り側のファサード ｜ 21 キャンパス中庭側のファサード ｜ 22 慶應義塾大学三田キャンパス南校舎は周辺の建物のスカイラインを取り入れたデザイン ｜ 23 街とキャンパスを繋ぐ「キャンパスゲート」

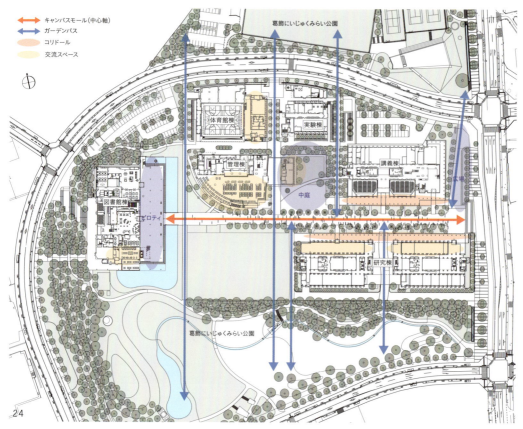

24 東京理科大学葛飾キャンパスの全体計画図（縮尺1/2,500）

25 キャンパスの中心軸となるキャンパスモール ｜ 26 キャンパスモールやガーデンパスに沿ってさまざまな交流スペースが配置されている ｜ 27 図書館棟の外観 ｜ 28 図書館の1階にある葛飾区運営の科学教育センター

東京理科大学葛飾キャンパスは、柴又の寅さんで有名な葛飾区にあります。南側と北側にそれぞれ葛飾区の公園が隣接するこの敷地は、公園も含めると12haという広さです。ここでは地区計画が策定される段階から葛飾区と連携を図り、マスタープランを作成することによって、公園と一体化した開放的なキャンパスを実現しました。

キャンパス内には図書館、研究室、講義室、管理棟、実験棟、体育館という六つの建築群を計画していますが、この中の図書館を区の「葛飾にいじゅくみらい公園」の中に建設しました。図書館の入口は公園側とキャンパス側の両方にあり、学生だけでなく区民も利用できるようになっています（写真27）。また1階の科学教育センターを葛飾区が運営することで、行政と大学の関係をより密接なものにしています（写真28）。

キャンパス全体としては南北の公園を結ぶ「ガーデンパス」という小径をつくり、これに直交するかたちで長さ約250m、幅30mの「キャンパスモール」という軸を設けています（図24）。このガーデンパスとキャンパスモールに沿って、交流のためのさまざまなスペースを配置しています（写真25、26）。

もともと工場の跡地だったこの地域は、キャンパスの完成と前後してタワーマンション等も整備され、新たな魅力を備えた街に発展しています（参考文献36、37、38）。

上智大学6号館ソフィアタワーは、四谷に新しい「上智の顔」を創ることを目指したプロジェクトです（写真29）。設計上の大きな挑戦は、大学とオフィスを一体的に建てるなかで、両方の長所を引き出す建物をどのように構成するかということでした。一般に大学は低層が好まれ、オフィスには眺望などが求められます。そういう観点から低層部を大学、高層部をオフィスにすることで、お互いのメリットを引き出す関係を成立させています（図30）。またオフィス部分をデベロッパーがマスターリースするという、「オフィスと大学の多元的な複合」という新しい手法にチャレンジしています。行政主導ではなく、大学とデベロッパーの協働によるこの取組みは、都市型キャンパスが今後向かうべき一つの方向性と、キャンパスが都市再生にかかわる可能性を秘めています。

このように「新しい都市型キャンパス」をつくる上で、マスタープランの策定段階から都市計画等に積極的にかかわり、完成後の運用においても行政や民間デベロッパーと協働することで、その街や場所の価値向上に大きく寄与することができます（参考文献33、34、35）。

「地域とキャンパスの新しい関係」を創出する上で、都市型キャンパスのあり方が大きなポイントとなります。そのなかで、キャンパスの魅力的なパブリックスペースを都市に融合させること、そして行政や民間デベロッパーといった「大学＋α」との協働が重要になると考えています。

上智大学 6号館 ソフィアタワー

29　上智大学6号館ソフィアタワーの完成予想CG　|　30　ソフィアタワーの断面構成（縮尺1/1,500）

地域に開く、大阪いばらきキャンパスの計画

立命館大学 理工学部 教授／立命館キャンパス計画室長　及川清昭　Oikawa Kiyoaki

　私の専門は建築や都市計画ですが、特に都市空間解析と、世界の伝統的な集落の調査などを研究テーマとしてこれまで取り組んでいます。また同時にキャンパス計画室の室長という立場で、立命館のキャンパス計画にも携わっています。ここでは2015年に完成した「大阪いばらきキャンパス」、略してOICと言いますが、そのご紹介をいたします。

立命館大学の三つのキャンパス

　学校法人立命館は、北は北海道から南は九州の大分県まで、各地に小・中学校、高校、そして立命館大学と立命館アジア太平洋大学（APU）という二つの大学があり、おおよそ5万人くらいの学生がいます。立命館にはR2020という学園の総合ビジョンがあり、今回の「大阪いばらきキャンパス」はこのR2020に沿って整備されたものです。

　立命館大学には関西を中心に三つのキャンパスがあります。一つは歴史都市、京都に昔からある立命館で一番古い「衣笠キャンパス」です。また滋賀県の草津市郊外にある「びわこ・くさつキャンパス（BKC）」は20年ほど前にできました。私が所属している理工学部はここにあります。そして、大阪に「いばらきキャンパス」ができたことで、トライアングル状の3キャンパス体制になりました。

　「大阪いばらきキャンパス」の前に、まず他のキャンパスの概要についてご説明します。京都の龍安寺と金閣寺の間にある「衣笠キャンパス」は現在マスタープランを作成しており、将来的には現在の建物を再構成してキャンパスモールをつくる計画です。かつては龍安寺から金閣寺につながる「きぬかけの路」という歴史回廊に背を向けていましたので、将来的にはこれに対して開いていく計画をしています。また、以前は広場型のキャンパスでしたが、これを軸線型に変更する予定です（図2）。一方、20年前にできた「びわこ・くさつキャンパス」は、67万㎡ほどの広大な敷地をもつ典型的な郊外型キャンパスで、駅からバスでアクセスします。ここは中央の広場、噴水から放射状に流れていくラインを元に、マスタープランが考えられています（図4）。

　基本的な空間構成は、衣笠キャンパスが三角形（図1）、びわこ・くさつキャンパスは放射型（図3）。そして「大阪いばらきキャンパス」は十字型です（図5 p.22）。このように三つのキャンパスにはそれぞれ異なるマスタープランがあります。また立地からみても、京都にある歴史都市型、滋賀県草津市郊外にある郊外型、そして「大阪いばらきキャンパス」は市街地型です。このようにそれぞれのキャンパスにそれぞれのアイデンティティを与えていますが、基本的な構成はどれも「軸」を用いています。

　「大阪いばらきキャンパス（OIC）」を新設した理由は、既存のキャンパスでは狭いこと。そして今後の新しい教育環境を考えたときに、学びの場にふさわしい空間を設ける必要性があったからです。企業・行政・地域と連携する社会に開かれたキャンパス。特にアジアと世界を繋ぐような、そういう心意気でこのキャン

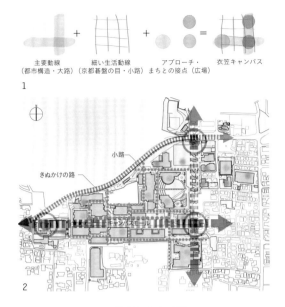
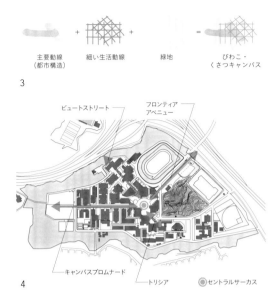

1,2 衣笠キャンパスの構成概念図と軸線

3,4 びわこ・くさつキャンパスの構成概念図と軸線

パスを計画しています。そもそもOICの教育・研究のコンセプトとして、「アジアのゲートウェイ」「都市共創」「地域・社会連携」という三つが掲げられています。「アジアのゲートウェイ」は都市の顔、「都市共創」はまちづくり、「地域・社会連携」は産官学地連携というように、三つの教学コンセプトすべてが、都市や地域、地理といった用語に関連しています。ですので私たちのキャンパスに対する考え方自体が、そもそも建築が地域に開くことを促しているのです。このようななかで昨今さまざまな大学で叫ばれている新しいアクティブ・ラーニングや、プロブレム・ベースト・ラーニング等を実践していこうとしています。

大阪いばらきキャンパス

このキャンパスは地域に開くことを想定して計画されました。敷地はサッポロビールの大阪工場があった場所でしたが、新キャンパスの用地として購入した時点で地域と大学が協働することを目指し、茨木市と協定を結びました。そして開設準備委員会を設置し、基本構想の段階で、まず茨木市の避難拠点となる防災公園を入れようということになりました。それから市民も使う共用施設を設け、市民の交流ゾーンとなる市街地整備ゾーンも確保しました。これらの大まかな面積をあらかじめ決めて、その後整備ゾーンをどうするかという順番でプランを検討しました。公園や市民との共用施設といった空間は、当初具体的には決まっていなかったものの、条件としては用意されていました。防災公園はUR都市機構が整備したもので、いったん立命館が購入し、茨木市に売却しています。市民との交流ゾーンには図書館などを設けましたが、これは茨木市から無償貸与された土地に立命館が建物を建てました。またキャンパスの新設に伴い、茨木市が周辺の道路やインフラを整備しています。このようにこのプロジェクトは自治体と協力しながら進められました。

このキャンパスの基本構成である十字型というのは、最初から考えていたものです。南北方向には「学びの軸」、東西方向に「市民交流の軸」を設定しました。この時点で「市民」という言葉を空間のコンセプトとして入れたわけです。これらをX軸・Y軸のように置き、さらに第一象限には公園、第二象限には学舎、第三象限にはスポーツ厚生棟、第四象限には市街地整備ゾーンという市民交流ゾーンを配置しました。茨木市から借りて建物を建てているというのは市街地整備ゾーンです。このように非常にシンプルな空間構成です。学びの

軸から東側は市民が使えるゾーンになり、全体的に大きく地域に開かれたキャンパスとなっています（図5）。

これら四つのゾーンについて、ご紹介いたします。その前に、この敷地のことをもう一度整理しておきますと、敷地の西側にJR京都線が走り、南に行けば大阪、北に行けば京都です。最寄りの茨木駅は敷地の北側です。また敷地の南側には近畿自動車道という高架道路があります。このようにかなり大がかりなインフラに囲まれて、市街地に開いてはいるものの、広域交通のインフラで遮断された不整形な敷地というのが、このキャンパスの特徴です。

基本構想の時点ではキャンパス計画室はまだ開設されていなかったのですが、配置について、私とランドスケープの武田史朗先生、そして日建設計が一緒になってかなり議論を重ねました。サッポロビールの工場はJRに沿った斜めの軸を通しており、それを踏襲するかどうか、かなり迷いましたが、結果的にはきれいに南北方向の軸に収めました。周辺には古代の条里制の名残があり、現代のインフラというノイズはあるにせよ、こうした古くからのアーバンファブリックとの連続性は南北に合わせたほうが保てるのではないかという結論に至ったからです。そして1.5haとすでに規模が決まっていた公園を中央に配置しました。それで南北方向をアカデミック、東西方向をシビックという軸で構成しようということになりました。学びの軸は南北200mのコンコースに沿っています。敷地のうち1.5haは防災公園で、それを除くと全体で10万㎡ほどになります。地区計画により、高さ規制も緩和されています。基本構想は私と武田先生と日建設計で、基本設計は山下設計、実施設計と施工は竹中工務店が担当しています。

キャンパス計画における五つのテーマ

「地域に開かれたキャンパス」というテーマですが、私がキャンパス計画で重要だと考えていることは五つあります。

一つ目はラーニング・コモンズです。キャンパスでコモンズをつくることは一般的になってきています。このキャンパスにも、いたる所にラーニング・スペースとラーニング・コモンズがあります。随所にホワイトボードや机、椅子などがあり、キャンパス全体がラーニング・プレイスのような構成になっています。

二つ目はキャンパス・アメニティです。アメニティのなかでも特に食堂やトイレなどは力を入れて改修を進めています。学生のキャンパスに対するイメージというのはこういうところから決まるものです。また私立大学は良い印象をもってもらうことが大切ですので、少しずつ改修しています。

三つ目は本書のテーマでもある社会連携や市民交流です。それから四つ目は環境配慮型のデザイン。エコキャンパスは、近年さまざまなところで論じられていると思います。しかし環境的な側面のみではなく、社会的・経済的なサステイナビリティも両立しなければなりません。

五つ目は「参加と協働」ということで、私たち教職員や学生らの意見を反映して、それぞれのキャンパスの整備を進めていくということです。この五つを基本的なテーマとしています。

大阪いばらきキャンパスの構成（十字型）

5　大阪・いばらきキャンパスの構成と軸線

多様なコモンズを内包する「学舎棟」

　それでは「大阪いばらきキャンパス」の内部をご紹介します。まず学舎棟になりますが、ここが学びの軸と市民交流の軸の交点です(写真6)。学びの軸に沿って幅18m、長さ200mのコンコースが設けられています(図9 p.24)。学舎棟内には、学生の学びの場として、コモンズを点在させています。また竹中工務店の提案で「緑のキャナル」は風が抜けるようになっています。市民交流の軸と学びの軸の交点には、集いの中

6　学舎棟の東側外観　|　7　「学びの軸」と「市民交流の軸」の交点に設けた半屋外広場「空のプラザ」。天候にかかわらず市民や学生が集い、交流する場　|　8　学舎棟の西側外観

心となる「空のプラザ」という大きな屋根を設けた空間があります（写真7）。コンコースの中には、少し腰を掛けたり、プリントアウトをしたり、ちょっとした発表ができるコモンズを創っています（写真10〜12）。

このようにいたる所にあるコモンズは、それぞれ異なる用途に利用できるように計画しています。ここには学生たちのアイデアが取り入れられていて、たとえば家具として置いているボックスは、重ねてもいいし、座ってもいい。ホワイトボードを貼り付けたり、引き出しがついているものもあります。そういう家具をいたる所に置き、すべてがラーニング・プレイスとして考えられています。

学舎棟とコンコース

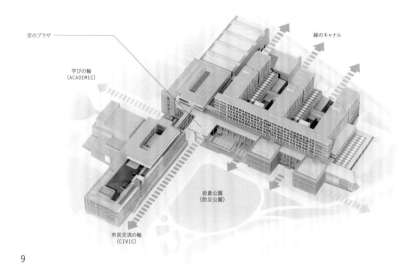

9

9 各棟の構成とキャンパスの軸線 | 10,12 各棟を連結する長さ200m、幅18mのコモンズである「コンコース」 | 11 政策科学部のコモンズ

余裕を備えた「スポーツ・厚生ゾーン」

　続いてスポーツ・厚生ゾーンをご紹介します。アリーナ(写真13)はバスケットコート3面の広さです。それから日本でも珍しいホッケーに特化したホッケー場があります。また先ほどの「空のプラザ」の周辺には生協食堂(写真14)やセミナーハウスがあります。なお、計画時に一つだけ死守したのがリザーブスペースです。これは、将来どうなるかわからないためにスペースを確保するということ。立命館はこれまでこうしたスペースを設けておらず、空いている敷地に必要な施設を建てていくことで、結果的に余裕のないキャンパス構成になってしまったことから、このキャンパスではきちんとリザーブスペースを設けることを重視しました。

キャンパスと境界なく連続する「岩倉公園」

　次は岩倉公園です。立命館の敷地ではないこの防災公園を立命館の庭にようにしています。この公園は学舎棟と市民開放施設によってL字形に囲まれています。広い芝生の広場には夕方になると子どもたちが集まってきて、遊具などで遊んでいます。塀や門のないキャンパスは全国にありますが、ここでは公園とキャンパスの境界を完全になくすことを試みています。緑のプロムナードが連続して、そのまま立命館の敷地に繋がるように計画しています。楕円形のエリアも同様に、立命館の敷地まで続いているように見せています(写真15)。公園の脇に市民交流の軸に沿った並木道がありますが、公園側の1列と立命館側の2列、これら

スポーツ・厚生ゾーン

13 アリーナ ｜ 14 生協食堂

岩倉公園（防災公園）

15 キャンパスは岩倉公園と境界なく一体として計画されている

すべての樹種を揃えるようにお願いして、あたかも茨木市と立命館の敷地に境界がないようなデザインを施しています。こういった敷地には本来柵が設けられますが、ここにコーンなどを並べたりするのは何としてもやめてほしいと事務の人にお願いをして、境界整備をしました。

「市街地整備ゾーン」とフューチャープラザ

4番目のゾーンは市街地整備ゾーンです。ここに市民交流施設を設け、「立命館いばらきフューチャープラザ」と呼ばれています（写真16）。ここには市民が使える図書館（OICライブラリー、写真17）、1,000人収容の大ホール（グランドホール、写真18）、イベントホール、カフェなどが入っています。日本のキャンパスでは初となりますが、茨木市の商工会議所もここに入っています。上階は産学連携ゾーンとしています。

キャンパス全体には環境配慮型のデザインをいろいろ取り入れ、人が少ないときは空調を調整する「もったいないシステム」というものを採用しています。他にも、環境配慮という観点から外に出ようということで、外に出たらポイントが貯まるように、周辺のイオンと一緒にWAONカードのポイントと連携しています。また線路越しにあるイオンモールと提携して、非常時には防災公園に電源供給する配慮をしています。

キャンパスの垣根を取り払う試み

最後になりますが、大学が地域に開くという上で、何度も申し上げているように、敷地の境界が極力表出しないように工夫しています。細かくいえば舗装のブロックまで、可能な限り同じものを揃えるようにお願いすることで、全体としてのまとまりをもたせることができました。このような建築的な操作は頑張ればできますが、それだけでは意味がありません。やはり、地域に開くというのは市民がキャンパスの中で何かをかなえてほしいということですので、キャンパスを設計する段階で三つの大きな市民協働プロジェクトを立ち上げました。

具体的な内容は、木を植える「育てる里山」、花を植える「ガーデニング」、本を植える「まちライブラリー」というものです。この活動はキャンパスができる前から行っていて、でき上がってからも継続するというプログラムにしました。「木を植える」活動としてはリザーブスペースの東側を里山エリアとして育てることを目指しています。高速道路といった都市のノイズができる前の里山にあった植物を、もう一度ここに植え

立命館いばらきフューチャープラザ（社会連携と市民交流）

16 フューチャープラザ外観
17 OICライブラリー
18 グランドホール

19 市民と学生が行き交うキャンパスの様子 ｜ 20 キャンパスと周辺地域の空撮

ようという活動を市民の方々と一緒に行っています（写真21）。また二つ目の「花を植える」活動では、ガーデニングを市民と一緒に進めています（写真22）。三つ目の「本を植える」という活動では、市民交流ゾーンに「まちライブラリー」という施設を設けて、本をたくさん寄贈してもらっています（写真23）。このようにソフトの部分と連携してキャンパスを創っています。

先ほど、可能な限り皆の意見を聞いてキャンパスづくりを進めるようにしていると申し上げましたが、「大阪いばらきキャンパス」のプロジェクトにおいて私たちキャンパス計画室は学内外を取りもったり、調整したりしてきましたが、これだけのことを遂行するのに一番大変なのは設計に携わる方々です。膨大な時間を割いていただいて、この参加型のプロジェクトが成立しました。ですから、たくさんの意見を聞いて総意でやるというのは良いことですが、それなりの作業が発生します。こうした意気込みをもってこのキャンパスが創出されました。

市民協働プロジェクト

21 名神高速道路の整備によって失われつつある茨木の里山の構成種を採取しキャンパス内に植栽する「育てる里山」 ｜ 22 植栽活動を通じて地域と大学が交流する「ガーデニング」 ｜ 23 自らのメッセージ付きの本を寄贈する「まちライブラリー」

早稲田キャンパスと
戸山キャンパスの現状と整備計画

早稲田大学 キャンパス企画部　企画・建設課長　北野寧彦 Yasuhiko Kitano

　私は、早稲田大学のキャンパス戦略について、どのようなことを考えてキャンパス整備を進めているのか、いくつかの事例を通してご紹介したいと思います。五つの構成でご説明しますが、最初に私が所属するキャンパス企画部について。次に早稲田大学のキャンパスの現状、三つ目にキャンパス戦略、つまりキャンパス整備の考え方について。それから四つ目に二つの都市型キャンパスにある建物の事例を、最後に「地域とキャンパスの共存」というテーマで二つの事例をご紹介します。

キャンパス企画部の役割とキャンパスの現状

　最初に、私が所属しているキャンパス企画部についてご説明いたします。大学でこうした名称をつけている所はあまりありません。一般には管財部、施設部と名づけられているかと思います。簡単にいいますと、不動産の取得や処分計画、施設の整備計画、保全に関して担当している部署です。他の大学と異なるところは、早稲田大学の場合は管財部門が財務部にあり、私どもの部署はこれを管轄していません。また大学よってはキャンパスごとに施設部門がありますが、早稲田大学では本部組織であるキャンパス企画部のみが担当しています。

　次に早稲田大学のキャンパスの現状についてご説明いたします。ここでご紹介するのは早稲田キャンパス、戸山キャンパスという二つのキャンパスの事例ですが、これら以外にも七つのキャンパスがあり、北九州には情報システム系の大学院、東京の日本橋にはファイナンス研究科というビジネススクールも開講しています。それら以外の大学施設として、学生寮やセミナーハウスなどがあります。

キャンパス整備の考え方

　三番目に、キャンパス戦略について。早稲田キャンパスは本学の中で最も歴史のあるキャンパスですが、今から20年ほど前にこのキャンパスの整備指針をつくりました。その冒頭に指針作成の目的として基本的な考え方が述べられているのですが、要約いたしますと、キャンパスは教育研究の基盤であり、これを整えることによって、多くの人々の出会いや交流の場面をつくることができる。その際、個々の建物を対象とするだけではなく、建物群として形成される都市空間として、それから周辺地域との良好な環境形成についても考える必要がある。また、早稲田大学では建学の理念として、「進取の精神、学の独立」を掲げていますが、キャンパスはこの理念を反映するとともに、校歌にも謳われている「心のふるさと」という言葉を体現し、卒業した校友も含めて大学に愛着をもってもらうために、いつ来ても早稲田大学らしさが残っている、というキャンパス整備を目指す、としています。

　一方で、2032年に創立150周年を迎えるに当たり、「Waseda Vision 150」という大学全体の中長期計画を策定しています。これはすでに策定から5年以上経過しており、現在、さまざまな改革を大胆に実施してい

ます。施設というものはあくまでも基盤ですので、その一つ一つの改革を実現するための基盤整備を行っているところですが、その目的は教育、研究、それから学生生活、と大きく三つに分けられます。また同時に、スーパーグローバル大学創生支援事業（SGU事業）も、国の採択を受け、進めているところですが、「Waseda Vision 150」とともにさまざまな事業を実現するために整備を行っています。

「Waseda Vision 150」には核心戦略が13個ありますが、その13番目についてキャンパス企画部が事務局として進めています。表題に掲げているのは「早稲田を核とする新たなコミュニティの形成」です。具体的には人々の交流を一つのポイントと考えて、早稲田を取り囲むさまざまな人々、校友や地域の方々、学生、教職員といった多様な人々の交流を促す場の創出を目的としてプロジェクトを進めています。

その結果、学生や教職員の利便性の向上や、安全・安心な施設の実現ということだけでなく、教育環境の整備という観点からは、近年大きく変わってきている教育のスタイルに対応する施設の拡充を各キャンパスで行っています。

また、研究環境の整備についても大きな軸として考えています。本学も産学官連携を進めているところではありますが、さらなる拡大を目指し、特に産学の連携強化のための環境整備を進めていく方針です。

それから学生の生活環境やアメニティの向上に関連する部分ですが、本書のテーマに直接かかわるところでは、課外活動の活性化やキャンパス周辺地域の活性化といった視点から実施していますので、こうした事業もご紹介します。

早稲田キャンパス「3号館」

一つ目の事例として、早稲田キャンパスをご紹介します。ここは全部で六つの人文社会科学系の学部と大学院があるキャンパスです。本学の発祥の地で、すでに135年以上の歴史があります。キャンパスの建物配置としては大きな軸線が南北に2本、東西に2本あり、グリッド状に形成されています（図1）。キャンパス内の建物のうち、最近建て替えられた3号館と、キャン

1 早稲田キャンパスの配置

パスの中心にある7号館という建物をご紹介します。

キャンパス内では、東側にある建物が比較的年数が経っているもので、おおよそ築80年から90年くらい、古いもので100年以上の建物もあります。先ほど触れましたキャンパス整備指針では、このエリアを「歴史継承ゾーン」と位置づけています。一方で西側は20年ほど前から建替えが進んでいるエリアで、比較的高層の建物が建っています。こちらを「高機能化ゾーン」と呼んでいます。さらにその中間の新旧を繋ぐゾーンを「新旧媒介ゾーン」と位置づけています。

3号館は、もともとは早稲田キャンパスの建物の特徴である瓦屋根の比較的低層の5階建ての建物で、中央に中庭があるロの字形の構成でした（写真2）。「高機能化ゾーン」には比較的高層の12階建てや14階建ての建物があります。3号館はこのキャンパスで4棟目の建替えプロジェクトで、14階建ての建物になります。3号館の建つこのエリアを先ほど「歴史継承ゾーン」と申し上げましたが、建替えに当たって、できればこのエリアは高層化したくなく、建物のスカイラインもなだらかに東から西側に上げていくかたちが理想でした。しかし都市型キャンパスが抱える「施設の狭隘」という問題はどうしても避けて通れず、施設面積

を増やさざるを得ない状況でした。そこで低層部分は元の建物の3分の1ぐらいを再現した再現棟として構成し、そこにセットバックした高層棟を組み合わせました（写真3）。昔のデザインをできる限り残すことで、キャンパスのメインモールから見たときの景観に配慮

しています。エントランスホールは建替え前の形状（写真4）をほぼ継承し（写真5）、扉などは再利用しています。エントランスホールを通って中に入った吹抜け空間（写真8）は、旧3号館にあった中庭を再現したものです。このように再現棟は外観だけではなく、内部空

早稲田キャンパス「3号館」（建替え前）

早稲田キャンパス「3号館」（建替え後）

2 建替え前の「3号館」外観 ｜ 3 建替え後の「3号館」外観 ｜ 4 建替え前の「3号館」エントランスホール ｜ 5 建替え後の「3号館」エントランスホール ｜ 6 建替え前の「3号館」の402教室 ｜ 7 建替え後の教室

間も含めて元の建物を3分の1ほど再現しています。また瓦屋根も再利用し、昔のムラのある風合いをそのまま残しています。

もともとこの3号館を主に使っていたのは政治経済学部で、あまり大人数の授業をしない学部です。旧3号館では一番広い教室でも200人収容程度の大きさで、この教室はアーチ形状の梁が非常に印象的な空間でした(写真6)。政治経済学部の卒業生はこの印象的な教室が記憶に残っているようで、新しく3号館につくった再現部分の教室では、耐震の関係で梁・柱の太さはかつてのままとはいきませんでしたが、什器などを含めて昔の風合いを残した造りにしました(写真7)。

一方で近年は講義一辺倒の授業ばかりではないので、新しい3号館の中にはアクティブ・ラーニング系の教室も整備しており、建物の外観だけでなく中身も新旧の教室が融合している建物です。2階にはアクティブ・ラーニング系の教室(写真10)が大小3教室、それに早稲田大学では「W Space」と呼んでいるコモンズ空間があります。

3号館は早稲田キャンパスで建て替えた建物の構成としてはほぼスタンダードなものです。地下には学部の図書館、低層部分に学生ラウンジと売店、中間層が教室ゾーン、上層階には大学院の教室や事務部門のスペースがあり、最上階には先生方の研究室があります。このように、その学部の学生たちの活動が一つの建物の内でほぼ完結するような構成となっているのが一般的です。ただこうすることで、他の学部の学生との交流が生まれにくいという傾向が生じるので、現在、特定の学部に限らず共通して利用できるスペースを拡充しているところです。

キャンパスの中心にある7号館も築70年を超える古いものですが、スケルトンにして改修し、現在さまざまな共通施設を整備しています。3・8・11・14・16号館という五つの建物は各学部の学生が主に利用している建物で、それらに囲まれた真ん中にこの7号館があります。現在、学生や教員の窓口対応をできるだけ一元化しようと、「ポータルオフィス」という全学共通の事務所をこの7号館の1階の中心に配置しています。そのまわりに「W Space」というコモンズ空間を、さらにその上階にはアクティブ・ラーニング系の教室を整備しています。また他のキャンパスにはキャリアセンターという、学生に対する就職支援部門がありまして、早稲田独自の呼び方で「C Space」と呼んでいますが、その分室を7号館付近に設けようと計画しています。といいますのも、7号館の1階のコモンズ空間への改修から2年ほど経ちますが、学生の利用頻度が非常に高いので、ここにできるだけ全学共通的な施設を集めようとしています。

早稲田キャンパス「3号館」
(建替え後)

8 吹抜け | 9 既存と新築の境界部 | 10 アクティブ・ラーニング系のCTLT教室

戸山キャンパス「33号館」

続いて早稲田キャンパスのほど近くにある戸山キャンパスをご紹介します。こちらは文学系の二つの学部のキャンパスですが、ほぼ単一の学部と考えていただいて結構です。ここには学生会館という学生サークルの活動場所を集めた場所もあります。またこのキャンパス内には、本学で新宿区内に残る数少ないスポーツ施設もあります。スポーツ施設というものはどうしても郊外に移転しがちですが、現在このスポーツ施設を残す方向で整備を進めています。

戸山キャンパスの建物の多くは、村野藤吾が設計したものです。今回建て替えたのは12階建ての高層棟と7階建ての低層棟がT字形に張り付いた非常にスレンダーな「33号館」です（写真11）。建替えに当たり保存も含めてさまざまな手法を検討しましたが、階高が非常に低くスレンダーな形状であったことから、保存では施設の拡充に対応できず、結果的に今から2年半前に建替えを行いました。高さとしては4層分上に伸びて階高も変わりましたので、非常に高い16階建ての高層棟に6階建ての低層棟を合わせた建物になっています。低層棟のフォルムは建替え前とほぼ同じですが、高層棟は少しマッシブな形状になっています。ただ外観のファサードなどにはかつての面影を残して、既存として残る村野藤吾設計の他の建物との調和を大切にしました（写真12）。

戸山キャンパス「早稲田アリーナ」

次にご紹介するのは「早稲田アリーナ」です。この体育館は現在建替えを行っています。前節で「門のないキャンパスが現在のスタンダードになっている」という及川先生のお話がありましたが、このキャンパスは非常に古いので、実はかなり閉鎖的で外部の方がなかなか入ってこられないような状態です。門は大きく、2カ所にあるものの、休日などは締め切ってしまう状態です。これはキャンパスの歴史がそうさせているのですが、今回の体育館の建替えでは、体育館の屋根をグランドレベルから緩やかな丘状に上げていき、2階レベルとなる体育館の屋根部分を屋外広場として整備する計画で、地域の方々にも開いたキャンパスを目指しています（図15）。またこのキャンパス内には緑がありそうで実際にはほどんどなく、あるように感じるのは隣地の緑です。そうしたことから、緑地を拡充することで「キャンパスらしさ」を目指していきたいと考えています。この屋上広場の奥には、ガラス張りのコモンズ空間があり、カフェも併設して、近隣の方々にも普段は公園のようにこの屋上広場を利用いただけるようにしたいと考えています。

アリーナは地下2階にあり、ほぼ地中に埋まっているような構成です。地上部分は大半が屋上広場空間で、コモンズ空間などのほんの一部分だけが出ているという建物です（図16）。屋外空間として整備する体育

戸山キャンパス「33号館」

11 建替え前の外観 ｜ 12 建替え後の外観 ｜ 13 ホール内観

館の屋根が大部分を占めることで、かつての、空地も少なく閉鎖的なキャンパスの姿からは大きく変わっています。これはやはり、地域との繋がりを広げていきたいということと、この地にスポーツ施設を残したいという想いからです。

戸山キャンパス「37号館（早稲田アリーナ）」

15，16　早稲田アリーナの完成予想CG

地域と共存するためのキャンパス外の取組み

最後に、地域とキャンパスの共存というテーマで、キャンパス外での取組みを二つご紹介します。先ほどご紹介した二つのキャンパスの周辺には商店街や住宅が広がっています。この商店街と大学の共存に向けた取組みです。商店街というのは今どこもそうなのですが、早稲田大学の周辺もこの20年ほどの間にシャッターを下ろした商店が非常に増えてきました。こうした現状に対して大学としても商店街の活性化を施策の一つと考えており、学生街の復活というものを目指しています。都市型キャンパスが抱える課題として先ほど「施設の狭隘化」を挙げましたが、本学としては、学生アメニティ施設の不足に対して商店街との共存というところに可能性を見出していきたいと考えています。もちろんそこにすべてを求めるわけではありませんが、できる限り活用していきたいと考えています。それには当然Win-Winの関係を構築しなければいけませんので、商店街の活性化に繋がる施策を考えているわけです。

戸山キャンパスは災害時の避難場所などにも利用できる施設が整備されますが、他にも大学として、地域に対する知や教育、それから文化の還元というかたちで繋がることができないか、あるいは、学生街の復活によって街や駅が賑わい、最終的には学生が街にしみ出す都市型キャンパスが実現できないかと考えています。

それにはやはり、学生が社会との繋がりを意識することが重要になります。さまざまな取組みによって、商店街や地域住民の方々といろいろなプロジェクトを行っている学生もいるのですが、現状、それは一部に限られています。そうした取組みが大学全体として拡がることを目指しています。

二つの事例は、早稲田キャンパスでの取組みです。周辺には大きく三つの商店街があります。今回、その一つに大学が仕掛けをしています。それが「早稲田小劇場どらま館」という建物です。これはもともと劇場だった建物を大学が取得し、2年ほど前に新たに地上4階建て、73席の小劇場として再建したものです（写真17～19）。早稲田大学にとって演ずる人、あるいはつ

早稲田小劇場どらま館

17 どらま館外観 ｜ 18 どらま館ファサード ｜ 19 内観

くる人を含めて、演劇は非常に重要な文化です。しかし、元の建物が耐震性などの問題で劇場として使えなくなり、5年くらい前に解体されて更地になりました。そのようななかで「Waseda Vision 150」の学生提案コンペから「早稲田文化芸術プラザどらま館」の復活という提案が出てきて受賞するに至り、それが実現したというものです。キャンパス周辺は文教地区に指定されていて、実は劇場をつくれないのですが、当時の新宿区長が文化振興に対して積極的な方でしたので、早稲田の演劇文化を発信する場所をつくりたいという主旨をご理解いただき実現しました。写真17は商店街の夕方の風景です。商店街の中に劇場があると、絶えず学生がここで演劇を行うために出入りし、休日にはお客さんを呼んで演劇をしています。このように学生が街に出ていく、あるいは学生の活動が商店街の活気の一つになるというところを狙っています。

最後の事例は、こちらも商店街の真ん中にあるのですが、少し様相が違っており、複合用途のビルを建てた「大隈スクエアビル」です(写真20)。1階には商店街に面して飲食店舗があり、2階〜4階に大学の関連会社の事務所を入れています(写真23)。5階から上の10階までは女子学生のためのワンルームマンションが72戸あります(写真22)。大学は長い休みがあり、マンションだけですと1年を通して商店街に対するメリットが少ない。しかし事務所には常に人がいますので街の賑わいに貢献することができます。そういう考えで計画したビルですが、現在、想定と違う様子になっています。それは店舗部分に「グッドモーニング・カフェ」という早稲田らしからぬ、おしゃれなカフェが入ったことです(写真21)。価格帯も高くて、学生食堂の倍近い値段を出さないとランチも食べられないお店なのですが、ほぼ毎日盛況で、学生をはじめ、近くにお勤めの方々やお住まいの方々が一日中利用されています。これまでの商店街にはなかった、新しい需要の掘り起こしができて、この商店街の中でも異彩を放って繁盛しています。このような状況を目の当たりにして、商店街の方々も客層を学生にとどめず、こういう需要もあり、こうした活性化の方法もあるということに気づかれたようです。このような活動を通して、地域の方々と一緒に地域活性化に取り組んでいる状況です。

大隈スクエアビル

20 外観 | 21 グッドモーニング・カフェ | 22 マンション内観 | 23 オフィス内観

地域とキャンパスとの関係をめぐるワークセッション

レクチャー発表者とフォーラム参加者全員による活発な議論を再録する (p.149参照)。

輔野 この研究フォーラムを主催している日本テクノロジー研究所の輔野です。ワークセッションはレクチャー発表者だけでなく、来場された方々全員に参加いただくかたちですので、これまでの発表を含めてご質問やご意見などがあれば、どんどん発言をお願いします。ワークセッションを始める前に、大成建設の上甲孝さんをご紹介します。上甲さんは、日建設計の岩﨑さんと一緒にハーバード大学やMITを視察され、この研究フォーラムではファシリテーターをお願いしております。

都市の規模と
キャンパスの成り立ち

上甲 ワークセッションでは、何か答えを導くといったかたちではなく、ざっくばらんに活発な意見交換ができ、その先に何か気づくことがあればと考えておりますので、よろしくお願いいたします。

まず、岩﨑さん、及川さん、北野さんのレクチャーをうかがって私が面白いと思ったのは、建物やキャンパスの「つくり方」についてです。塀に代表される境界をどう扱うのかということ。そして軸線を考え、次にそれらが交わる場所に広場を設けるというような仕掛け。こういったところに学生たちのアクティビティを生むヒントが隠されているように感じましたが、立命館大学の及川さんは、環境の異なる、たとえば早稲田大学の戦略についてどのような感想をもたれましたか?

及川 立命館と早稲田で異なると感じたのは、置かれた都市の密度の違いですね。私たちのキャンパスは住宅地の中にあり、早稲田のキャンパスは都心の市街地にあります。そういうなかで境界のあり方の作法が違うのかなと。私たちは境界に緑を配置するなどの敷地の余裕もありますので、自然と手法が異なってくるのだなと感じました。

上甲 早稲田の北野さんはどうでしょうか?

北野 及川さんのおっしゃる通りで、手法が異なる理由として、もともとのキャンパスの成り立ちが違うという側面も大きいと思います。早稲田のキャンパスは都心の中で徐々に広がっていったという歴史があります。街区で囲まれた中がキャンパスというつくりではなく、じわじわと広がっていっているので、隣地境界線の向こう側が家だったりお墓だったりします。本来は都市に対して

1 参加者全員が輪になって議論を繰り広げたワークセッションの様子

開いていきたいところですが、こういう現状では自然と塀はつくらざるを得ない。ただ早稲田キャンパスには大きなものだけで5カ所、小さいものも含めるとその倍くらいの数の門があります。そういう意味では早稲田キャンパスは比較的都市に対して開いていますし、実は、近隣住民の方にとってキャンパス内を通るのが駅に向かう最短経路で、地域の方々も多く往き来されており、塀のある・なしはあまり重要と考えていないキャンパスです。

戸山キャンパスは、その成り立ちから非常に閉鎖的なキャンパスです。またここは隣地の国立感染症研究所との関係上、通り抜けられる軸線をつくることが非常に難しい敷地形状をしています。そこで今回、「早稲田アリーナ」に広場空間をつくり、外に対して開いていくという計画を考えたわけです。

岩﨑 塀に関していうと、そもそも学生運動の時に各大学がキャンパスを塀で囲ったわけですが、その時の名残が今も残っているキャンパスも多いですね。時代とともに改修する過程で塀の高さを下げたりなくしたりする所も増えていると思いますが、東京理科大学葛飾キャンパスは、最初からキャンパスと隣地をできる限り一体化しようという徹底した方針で、私たち設計者が「守衛所は必要なのでは?」とお尋ねしたら「守衛所もいらない」ということで、当初は少し驚きながら設計した記憶があります。

また明治大学の時も同様に、建物の境界に塀がない、御茶ノ水の街と一体となった計画を希望されていました。明治大学の施設課の方も来場されているので、そのあたりのお話をうかがいたいと思います。吉原さん、お願いします。

吉原 御茶ノ水にある駿河台キャンパスは都市型キャンパスで、もともとそれぞれの建物がそれぞれの街区に建っていて、まとまったかたちでのキャンパスというのがない状態でした。そのなかで街区ごとに塀をつくって建物を建てていたのですが、老朽化による建替えを機に、どんどん塀の類をなくしている状況です。「アカデミーコモン」の前に「明大スクエア」という広場があるのですが、本当に街に溶け込んだ広場になっており、私もすごくいい雰囲気になっていると感じています。

岩﨑 駿河台キャンパスの大きな特徴として、キャンパス内にある動線が実際の街の通りとして利用されていることが挙げられます。学生もいれば、多様な世代の方々もいて、そういう意味で社会との接点がうまくできている。そうしたところがとても良いと感じています。

「クロオープン」キャンパスの可能性と課題

上甲 岩﨑さんや及川さんにご紹介いただいた事例の中で、市や区と公園を一体的に利用する手法が出てきましたが、そういった地域とキャンパスの繋げ方について、立命館大学ではその効果をどのように感じていらっしゃいますか?

及川 「大阪いばらきキャンパス」では公園を市民と共有するかたちで利用していますが、大学としては借景のような心地好い開放感を得ています。また市民の方々、たとえばそこで子どもを遊ばせている親の立場から見ると、いつも人の目があることから防犯上の安心感があります。そういうなかで、大学のあまり部外者に入ってほしくないゾーンに立ち入ってしまう一般の方々に対しては、警備の方たちが声掛けをすることでやんわりと注意を促しています。このように明確な視覚的境界ではなく、人間の目を介したクローズとオープンの間、いわゆる「クロオープン」のような関係がこのままうまく続けられると理想的だと思います。

岩﨑 立命館大学を見学した時、私もまさにそのようなことを感じました。「クロオープン」という言葉が出てきましたが、私が設計した東京

2,3,4 東京理科大学葛飾キャンパスでは市民もキャンパスを往来する

理科大学のときも、竣工からしばらくは地元のお子さんたちが講義棟の中にまで入り込んできた話を聞きましたが、数カ月もすると「ココは入っちゃいけないんだ」という空気を感じたみたいで、建物内は食堂ぐらいにしか来なくなったと聞いています。ですから運用の工夫次第で明確な塀のようなものがなくても成り立つという可能性を感じました（写真2〜4）。

北野 最近の建物は建物外壁ラインでセキュリティがとれるので、昔のキャンパスに比べると、キャンパスの敷地をオープン化することがずいぶんできるようになってきているのではないかと思います。「早稲田アリーナ」は完成後、体育館の上の屋上庭園を開放する上で立命館大学や東京理科大学と同様の検討が必要になると思いますが、できるだけ目に見える障壁をなくす方向で実現したいと考えています。

上甲 順天堂大学の植村さんもお越しですが、そのあたりのお考えをお聞かせいただけますでしょうか?

植村 セキュリティ面に関していえば、国立大学のように大きい土地をもっている大学の場合、近隣の方々は敷地内の道路を使わせてもらうという意識があると思いますが、順天堂大学の場合は建物と建物の間に公道があるため、逆に、こちらが使わせていただいているという意識になります。そういった関係性から生じる苦情などは結構あって、これは永遠の課題なのかなと思っています。私たちの大学で現在進めている計画では、レストランやコンビニを入れた建物の間を空中通路のようなもので繋ぎ、そこを大学関係者だけでなく市民の方々にも使っていただくことを考えています。

早稲田大学の北野さんにおうかがいしたいのですが、都内は土地が少ないので建物を上に上に伸ばしたいという欲求があるなかで、「早稲田アリーナ」では思い切った緑化を進められています。そのお気持ちはすごいと思います。そのあたりの背景をもう少し詳しくお聞かせいただけますでしょうか?

北野 「早稲田アリーナ」に関しては、普通に考えるともっと上に伸ばしたくなると思うのですが、ここは本来、新宿区の条例による高さ制限上、20mの高さまでしか建てられません。しかし大学が一定の条件を満たすことにより、特例として高さ60mの33号館という建物の建設を

認めてもらっています。その代わりに戸山キャンパスの他の棟は高層にできないという制約があります。ですから今回の計画では敷地条件上、必然として体育館を沈める計画になっています。キャンパスの将来を見据えて何がベストか考えたなかで、やはり屋上の広場空間という解がよいだろうということでこのかたちになりました（図5）。

地域と共存する手法

上甲 早稲田キャンパスで、大学の外である商店街に活動拠点をつくることで、学生活動と商店街の活性化を狙った取組みが非常に興味深かったです。こういう試みは、どのようなところから発想されたのでしょうか？

北野 ベースには、かつて賑やかだった学生街の復活を目指すという考えがあります。数十年前の学生は、自然と近隣の喫茶店やバー、そしてあまりよいとはいえませんが雀荘に行ったりするなかで、学生と街や商店街との関係が構成されていました。それが今は希薄になっている。それを再構築しようということ。そしてもう一つはキャンパス内に新たな施設をつくる余地がないということです。

これ以上建物を建てるために緑地を削ったり、高層化するわけにはいかないなかでこのキャンパスを継続的に使っていくために、もう必然的に外に出るしかないと。もともと外に拠点があるという土壌があったので、比較的自然なかたちで商店街に学生が出ていく、あるいは学生が活動できるような拠点をつくるという話になりました。

「大隈スクエア」はキャンパスの正門に一番近い商店街にあるのですが、この商店街は今では半分くらいシャッターが閉まっているほど衰退してきています。やはりこれはどうにかしたいという思いのなか、施策として商店街を活性化させたいと考え、大学で土地を購入してこの建物をつくりました。

岩﨑 早稲田大学の学生の活動を商店街にも拡散していくという発想って、すごく面白いと思います。都市の中でキャンパスだけでなく、点を線に、さらに三つ以上の点によって面として拡大していく面白さを感じました。大学の設計に携わっていると、ときどき「学生寮をどうしようか」という話が出てきます。東京理科大学のときもそうだったのです

5 屋上を市民に開放する予定の「早稲田アリーナ」

が、都内23区の場合、そういったものはつくらずに、逆に地域にどんどんワンルームマンションなどをつくってもらって地域に貢献しようというケースが多いですね。学生がキャンパスのまわりに住むことで、地域経済も活性化しますし、あえて学生寮をつくらない大学も多いですね。そういった意味で地域のために大学の運営を考えていくというのは、戦略というか共存の仕方としてはすごく可能性のあることですね。

緩やかなルールで
デザインするキャンパス

上甲 及川さんのキャンパス計画室という立場の方から「インハウス側の考え方」をおうかがいできたことはとても貴重でした。参加者の方々は、インハウスというよりはサプライヤー側、ものをつくって提供したり、アイデアを出したりする企業の方が多いので、少しそのような立場からのお話をうかがいたいと思います。竹中工務店の山本さん、これまでのお話を踏まえてご意見をお聞かせいただけますでしょうか。

山本 私も学校計画にかかわる仕事に多く携わっています。これまでのお話をうかがって感じたのは、今、日本国内の学校のつくり方が偏ってきているな、ということです。私がこのセミナーに参加しているのは、海外から新しいビジョンや考え方をどんどん取り入れたほうがよいと、すごく思っているからです。そういう意味で岩﨑さんがチャレンジされている世界的なビジョンに立った学校づくりというのは今後、どんどん勉強して取り入れなければいけないことだと思います。

学校側としても、これからの少子化時代を迎えて競争力を高めていかなければならないなかで、個性化や差別化を求めている。そういう特色を出すためにも世界的な考え方というのはどんどん取り入れていったほうがよいと考えています。個人的にはウィーン経済・経営大学をぜひ見てみたいですね。ザハのような建物を含めて、ああいうキャンパスは日本にはあまり見られないので、そういうことを東京で目指していきたいなと思います。

岩﨑 ウィーン経済・経営大学もそうですが、一つのキャンパスに複数の建築家がかかわるというケースが、今後増えてくるように思います。私もウィーン経済・経営大学を視察するまでは、マスタープランというのはある程度デザインコードを整えて、デザインリレーをしていくのが一つのあり方だと思っていました。軸があって、デザインのコードを合わせて、隣の建物となんらかの関係性をつくっていくというやり方ですね。でも、この大学を見るとマスタープランはしっかりとあるのですが、その上に建つ建物というのは、比較的さまざまな個性があるという構成です（写真6）。また、ウィーンに行く前にSOMのニューヨーク大学の建設地を見学する機会がありました。そこでもSOMがマスタープランを担い土地の重要な条件を決めて、各建物については1階部分はSOMが平面のチェックと監修をするのですが、基本的に各建築家に委ねるという、ある意味で緩やかなルールでやるという話を聞いてとても興味深かったですね。二つの大学の見学を通して、キャンパス内に一つの都市をつくるという意味では、そういう緩さも面白くていいなと感じました。

広域避難場所としての役割

上甲 ここからはご意見のある方に挙手いただくかたちで進めていきたいと思います。

八嶋 大成建設の八嶋と申します。さまざまなお話をお聞きして、「境界」という言葉が多く出てきました。「境界」というと真っ先に塀が思い浮かびますが、それは学生を外に出さないためのものなのか、それとも学生を何かから守るためのものなのでしょうか。たとえば、立命館大学は防災公園と一体的に計画をされているということですが、災害時にはおそらくその防災公園にたくさんの人が集まります。そうなったときに、屋根があるところに行きたい、近くに大学施設があるじゃないかということになる。災害時に、広域避難場所としての大学と、学生を守る大学という二つの立場でどのような対応を考えておられるのかということを、各大学の方にお聞きしたいと思います。

及川 大学のキャンパスは広域避難

6 ザハ・ハディドをはじめとする著名建築家が各棟の設計を手がけたウィーン経済・経営大学

場所としての指定を受けておりますので、「大阪いばらきキャンパス」でもマンホールトイレの設置や水や食料の備蓄など、ひと通りの備えはしております（写真7 p.42）。

北野　ご紹介した二つのキャンパスは、早稲田でも比較的大きいキャンパスですので、車道ぐらいの幅がある大きな門が街に開いている状態です。大学施設は広域避難場所の指定を受けておりますので、災害時にも門を開けておくことで近隣の方々を一時避難のかたちで収容できるようにしています。実際3.11の時も帰宅困難者の方々を講堂に受け入れました。ただ、大きな課題はどんなときに災害が起きるか、ということです。3.11の時は大学の授業が休みだったのでキャンパスに学生がほとんどいない状態でした。でも授業がある時間に災害が発生したら、おそらくは第一に学生優先で対応せざるを得ない。行政からは広域避難場所としてできる範囲のことをやってくださいといわれていますが、その時の状況によってできないことも出てくると思います。そういう部分が今、キャンパスの課題としてありますね。

キャンパスに都市のアクティビティを導入するメリット

上甲　先ほどキャンパスのアクティビティを外に出すというお話がありましたが、逆に内側にいろいろなアクティビティをつくる、たとえば「大学の複合化」のようなかたちもあると思います。上智大学はその一つの例かと思いますが、そのあたりのお話をもう少しおうかがいできればと思います。

岩﨑　大学というのは一般に大きくても4〜5階の比較的低層の建物が好まれます。学生は階段を使って移動しましょう、と。しかし都心の場合、もっと高くなることもあるわけです。上智大学の場合、教室は4階までなのですが、大学としては6階まで入っていて、それより上の7〜16階はオフィスとして使用されます。このオフィス部分はデベロッパーがマスターリースして、その賃料を大学に入れるというスキームが組まれています。容積が余っているけれども使いきれない大学と眺望が欲しいオフィスといった、それぞれの要望を満たす複合建築の事例が今後も増えると思います。上智大学の場合はたまたまオフィスでしたが、文科省の枠組みの中ではこれがホテルや商業施設だったり、他の用途という組合せもあり得ます。これから少子化の時代、ますますこうした事例が増えると思いますが、このあたりについて早稲田大学はどうお考えでしょうか？

北野　早稲田大学ではキャンパス内に外部の方も活用いただけるような施設を点在させていますが、その代表的なものとして博物館が挙げられます。先ほど早稲田では演劇文化が重要だと申し上げましたが、キャンパスでも一番古い今井兼次設計の建物に演劇博物館というものがありますし、會津八一記念博物館も戦前からある建物で、もともとは図書館でしたが今は博物館として外部に対する情報や文化の発信拠点として活用しています。またそれとは別に1号館という、これも築85年くらい経っている建物のワンフロアを改修して、早稲田大学の歴史と今を伝えるような展示空間にしようという計画があります。こうした地域や校友、

7 立命館大学「大阪いばらきキャンパス」と防災公園でもある隣接する岩倉公園

そして早稲田大学を目指す方々を対象とした施設を、キャンパス内に整備しようとしています。また現在計画中の「早稲田アリーナ」の中にも新たにスポーツミュージアムというものを設け、外部の方に開放する予定です。また、3号館に足を運んでいただくと、50代や60代の方々が多く出入りするのを目にされると思います。この建物の教室はエクステンションセンターという生涯学習の講座でも利用されていて、非常に多様な人々が出入りしています。

整備方針として、こういったさまざまな仕掛けを施しながら、キャンパス自体が一つの都市空間となっていくことを目指しているわけです。

産学官の連携

上甲 メディア関係の方のご感想をうかがってみたいと思います。「日経アーキテクチュア」の森さん、いかがでしょうか?

森 お話を大変興味深く拝聴しました。二つおうかがいしたいと思います。一つ目は街の活性化についてです。最近になって、大学のキャンパス移転計画も大きなところは一段落してきたかなと思います。一方で、地方都市の駅前には結構空き地がありますが、そういった場所をキャンパスとして利用したり、大学や学生がうまく活用したりできないかと考えるのですが、いかがでしょうか?

二つ目は企業との連携についてです。海外の事例を見ると大学と企業の連携がかなり進んでいるように思うのですが、そのあたりの取組みについておうかがいできますか?

及川 立命館の場合は長岡京の空いている土地に中学校と高校を移転しました。長岡京という街が地方都市かどうかは微妙なところですが、その結果として、学生の力が地方都市の活性化に寄与するというのはかなり期待できるのではないかと個人的に思っています。

また企業との連携についてですが、理工系に限らず、それぞれの教員が何かしらの研究で企業と協働しており、そのためのレンタルスペースを借りている方もいて、いわゆる産学連携は、かなり活発に行われている状況です。ただ、首都圏ではそういった共同研究がオフィスの規模にまで発展できると思いますが、人口20万人、30万人の都市ではなかなかそこまでは厳しい状況です。ということで、大学のごく一部にしか用意していませんが、小さな打合せスペースをシェアして借りるという試みは実際に行われていますね。

北野 文系キャンパスを中心にお話しましたので深く触れることができませんでしたが、どの大学でも、特に理工系においては、産学連携は活発に行われています。

早稲田大学としては、現状でもかなり産学連携に取り組んでいる状況ですが、これをさらに高めていきたいという意識があります。といいますのも、今後、国から私学への補助

金の増額が見込めないなかで大学の予算というのは非常に限られてくる。そのなかでどうやって社会に対して貢献していくかと考えたときに、産学連携がやはり重要になってくると考えています。ご紹介したキャンパスの付近にも企業との連携を行うためのレンタルスペースを設置しています。地方でいうと早稲田は埼玉県の本庄に企業とのインキュベーション施設として、レンタルラボをもっています。ただ、早稲田の場合は地方キャンパスというのがあまりないので、キャンパスによる地方の活性化という取組みがあまりないのが実情です。そういうなかで今私たちが地方活性化として取り組んでいる一つが、新しい入試制度です。昔は地方出身の学生というのがとても多かったのですが、今、早稲田大学の学生の7割が首都圏の出身者になっています。そこで、九州出身の学生を、大学卒業後に九州に戻って就職や起業するという条件の下で選抜する、新たな入試制度を設けています。地方からの学生を増やし、また学生が地方に戻っていくことによって、地方の活性化を目指すというのが、早稲田大学が行っている地方活性化の策の一つです。

都市に対して開くべき理由

上甲 また一方的に振りますが、新建築社の内藤編集長、何かご感想のようなものがございましたら、お聞かせいただけますでしょうか?

内藤 先日、上智大学の「ソフィアタワー」を拝見しました。大学とオフィスの機能を一つの建物に入れ込んだ新しいプログラムが、都市に対して開いていく新しいキャンパス像としてとても興味を覚えました。大学が都市に開いていくというテーマですが、そもそもなぜ今、大学が都市に対して開く必要があるのか。現在の都市や地方の状況を踏まえてご意見をおうかがいできますでしょうか?

及川 キャンパスを都市に対して開くべきか、閉じるべきか。いろいろな考え方がありますが、私は「開く派」です。なぜかというと、やはり大学というものは地域と一緒に歩まなければいけない、そうしなければ大学は存続できないと考えているからです。陸の孤島のような場所で外に迷惑をかけずに閉じる、という考え方もありますが、それでは持続できないと私は思います。実際、キャンパスが都市に対して開くことで地域の方々にはさまざまなかたちで迷惑をかけることになります。でも人間が一人で生きていけないように、まわりとお付合いをしなければ長続きできない。特に私立大学は競争ですので生き残るためにも、開くべきだと私は考えています。

北野 早稲田大学のキャンパスは、もともとあるキャンパスを建て替えながら持続しているというものです。そのなかで今、閉じこもるのではなく、大学のほうから地域に出ていかないと将来に向けた持続的な発展が望めないと考えています。そういう理由から地域に対して開いているのがご紹介した二つのキャンパスです。

一方で、東京理科大学のように、新たな敷地にキャンパスをつくるというようなケースでは、今や地域や行政との連携というのは必須条件になっていると思います。先ほども少し触れましたが、学生が街や社会を意識することなく、閉じこもって勉強だけしていればよい、というふうになってはいけないと考えます。学生が地域に出ていく、あるいは地域の方が大学の中に入ってくる。そういう環境のなかで新しい関係を学生が経験していくということが必要とされているのです。こういう環境のなかで学生時代に幅広く物事を学んだ学生は、大学の中だけの環境で育った学生と違うのではないかと思います。そういった意味でキャンパスが都市に対して開くということが、今後ますます加速するだろうとポジティブに考えています。

上甲 都心の大学ではアルバイトなどで学生は割と街との関係を築きやすいのですが、地方の大学だと学生の生活が大学内だけで完結する場合もあり、なかなか難しいですね。私もいろいろな大学のプロジェクトにかかわるなかで、地方の大学がそうした点を気にされているケースを多く見てきました。及川さんがおっしゃったように大学単独では生きられない、だからどうやって街と共存していくかということに皆さんすごく関心が高いように思います。

※第1章:2017年3月6日開催の「これからのキャンパスを考える研究フォーラム」第1回をベースに再編

COLUMN 1

アクティビティー サーベイ

東京理科大学 葛飾キャンパス

東京理科大学 **郷田桃代** Momoyo Gouda × 日建設計 **岩﨑克也** Katsuya Iwasaki

平日の行動軌跡
調査日 2018年6月13日（水）11時・13時

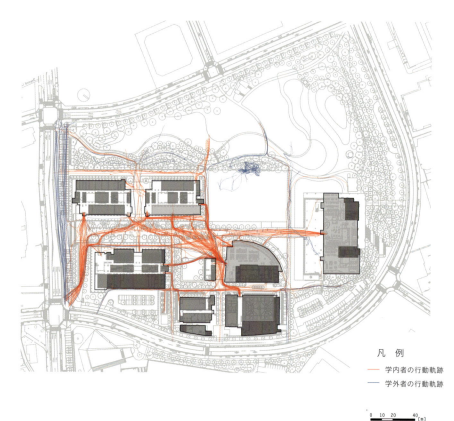

凡 例
― 学内者の行動軌跡
― 学外者の行動軌跡

0 10 20 40 [m]

　キャンパス内の人の行動軌跡を捉えた（調査方法、p.47参照）。上掲の2枚の行動軌跡図は休日と平日から同じ時間分サンプリングしたものであるが、学内者と学外者の比率は平日が8：2、休日が2：8で関係が逆転している。おおむね平日は「学生」の、休日は「地域の人」の行動軌跡を示し、両者はまったく異なるものであることがわかる。平日の行動軌跡図は、大学施設に対する設計者の計画意図を反映し、合目的的な軌跡に集中が見られる。キャンパスの長手（東西）方向では、講義棟の庇の下や研究棟西棟の庇の下が学生の主要な動線となっている。一方、中央軸線上のストレートな軌跡は予想外に少なく、中央広場は横断的に使われていることがわかる。また、芝生などの空地を横断する軌跡は少ないが、食堂前のオープンスペースはさまざまに横断する軌跡が集中している。

（郷田桃代）

私たちは、プロジェクトを通じて得た知見を常に、次のプロジェクトにフィードバックしている。建築完成後にその場所の使われ方をサーベイすることで設計段階での想定との違いを確認し、それらの距離を測りながら、次のプロジェクトにブラッシュアップし、活かすのもその一つである。

　普段はかたちとして見えないアクセシビリティやアクティビティが、時間軸を重ね合わせることで「かたち」として浮かび上がってくる。

　東京理科大学葛飾キャンパスでもキャンパスの使われ方をサーベイし、実際の人の動きや活動の検証を行った。アクセシビリティとアクティビティという新しいパラメータに時間軸を重ねて建築を俯瞰したとき、ある種都市空間の縮図として「人の密度」の集積を見ると、表層だけでは見ることができない空間の「かたち」という新しい発見があった。　　　　（岩﨑克也）

休日の行動軌跡
調査日 2018年6月3日（日）11時・17時

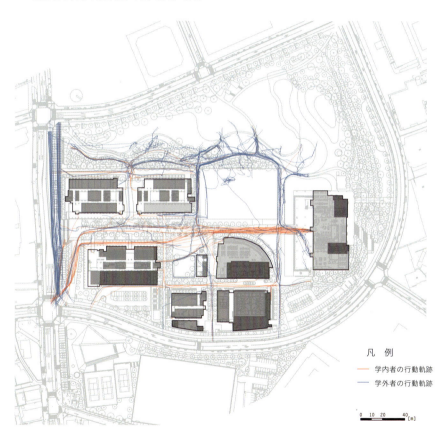

凡　例
―― 学内者の行動軌跡
―― 学外者の行動軌跡

　休日の行動軌跡図は予想外に多様である。出入口とルートで捉えるとおおむね16種のパターンが見られた。パターンが多様なことは地域への開かれ方も多様であるといえる。一人での通り抜けも見られるが、犬の散歩やベビーカーを引いた親子の散歩、親子連れで広場に遊びに来る、「未来館」に来訪するなどのルートが含まれている。キャンパスの短手（南北）方向では、図書館前の道の通り抜けが多く、敷地南側にできた商業施設と超高層マンションの影響が推察される。大きな芝生空地はそこを横断する軌跡は少ないが、南側の公園との間で出入りが多々見られる。

（郷田桃代）

平日の行為・行動分布図

調査日 2018年6月4・5・7・8・13日（6時点合計）

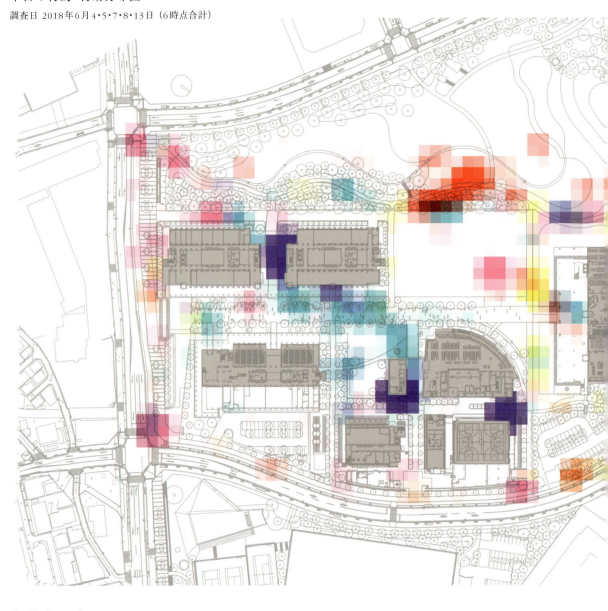

キャンパス内の人の分布を行為行動別に捉えた。週7日各6時点で人をプロットしたデータをすべて重ね合わせ、行為・行動別の人の分布データを作成した。休日1,135人、平日4,032人のデータが含まれている。行為・行動別分布図は、このデータをもとに、平日5日間について、滞留的な行為・行動のみ抽出し、人数を色の濃淡で示している。

この図から、「喫煙」の集中は極度に高く、「会話」は中央広場と食堂前オープンスペースに多いことがわかる。「遊び」は芝生空地の南側に多く、これには周辺の保育園・幼稚園から散歩に連れられて来た園児が含まれている。「犬の散歩」は図書館前の通り抜けの道に多い。「その他」には交差点の信号待ちなどが含まれている。一方、二期用地の大きな芝生空地はあまり使われていない。しかしながら、この空白がキャンパスの開放性を生み、犬の散歩など地域の人を引き込んでいる可能性もあるだろう。

（郷田桃代）

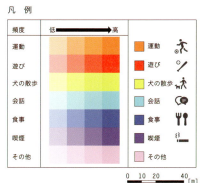

凡例

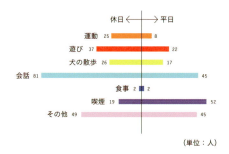

平日の行為・行動分布表

調査概要

調査　東京理科大学工学部建築学科郷田研究室／郷田桃代(教授)、諸田政彦(アジア航測株式会社)、一色千暁(大学院生)、二宮彩(4年生)ほか、研究室所属の助教・学生

調査対象　東京理科大学葛飾キャンパス(敷地面積47,110㎡)の外部空間全般。本キャンパスには、現在、3学部8学科、大学院3研究科8専攻があり、約4,600人の学生が通学している。「葛飾にいじゅくみらい公園」に隣接し、公園や道路との境界には塀がなく、集合住宅が多くある住宅地に立地している。

調査方法(人の行動軌跡)

【定点動画撮影】キャンパスにある建物内の高所15カ所にカメラ(GoPro HERO6等)を設置し、終日、定点で動画撮影を行う。実際に撮影を実施した日時は2018年6月2日(土)、3日(日)、5日(火)、8日(金)、13日(水)の計5日間、それぞれ10:00〜18:00である。天気はすべて晴天であった。

【行動軌跡データ】　15台のカメラの撮影動画像を入力データとして、個人の行動を追跡し入力するシステムを構築し、行動軌跡データを作成する。実際に作成した行動軌跡データは、休日のサンプルとして日曜日の11:00と17:00、平日のサンプルとして水曜日の11:00と13:00の計4時点を取り上げ、その5分間にキャンパス内に出現した人の行動軌跡をプロットしたものである。また、プロットした人それぞれについて、その外見から判断し以下の5属性で分類した。

① 学内・学外	学内者、学外者、不明
② 学内小分類	学生、教職員・従業員、来校者・その他、該当なし／不明
③ 学外小分類	家族(子供含む)、家族(子供含まない)、友人連れ・カップル、幼稚園・保育園からの散歩、介護者を伴った老人ホームからの外出、一人での活動、その他、該当なし／不明
④ 年齢	0〜12歳、13〜18歳、19〜39歳、40〜59歳、60歳〜
⑤ 男女	男、女、その他

【可視化と集計】　各時点、各属性で人の行動軌跡図を作成し、人数を集計する。pp..44-45に掲載した行動軌跡図は、平日、休日の各2時点を重ね合わせたもので、属性は学内者、学外者別に色分けしている。

調査方法(人の分布と行為・行動)

【移動動画撮影】　キャンパス内外を三つのルートに分け、地上レベルで人が移動しながら、360°カメラ(Kodak PIXPRO SP360 4K)を用いて動画撮影を行う。実際に撮影を実施した日は、2018年6月2日(土)、3日(日)、4日(月)、5日(火)、7日(木)、8日(金)、13日(水)の計7日間で、時間帯はそれぞれ8:30および10:00〜18:00の1時間ごとの計10時点で、1ルートの撮影に要する時間は15〜25分程度で、天気はすべて晴天であった。

【分布、行為・行動データ】　360°カメラの撮影動画像から、人の位置と行為・行動を入力するシステムを構築し、分布と行為・行動データを作成する。実際に作成した分布と行為・行動データは、月曜日から土曜日の週7日それぞれにおいて、8、10、12、14、16、18時の各6時点で、人のいる位置をプロットしたものである。また、プロットした人それぞれについて、その外見から判断し以下の7属性で分類した。

①〜⑤	人の行動軌跡の属性と同じ
⑥ 移動・滞留	移動、滞留(立位)、滞留(座位)
⑦ 行為・行動	歩行、運動、遊び、犬の散歩、自転車、会話、食事、喫煙、その他

【可視化と集計】　各時点、各属性で人の分布図を作成し、人数を集計する。これらをもとに曜日ごとに6時点を重ね合わせたもの、さらに、休日、平日、全日などを重ね合わせたものを作成する。ここに掲載する分布と行為・行動図は、平日5日間全日の行為・行動別の分布図を元データとして再構成したものである。行為・行動別の人数が各色の濃淡で可視化されている

視察レポート

立命館大学大阪いばらきキャンパス

日建設計 **田丸正和** Masakazu Tamaru

境界のないキャンパス

2015年に開設した立命館大学「大阪いばらきキャンパス」は、Lecture 2（p.20〜27）でご紹介があったように、敷地周囲にフェンスや塀をもたない開かれたキャンパスである。

サッポロビール工場の跡地を大学が取得し、うち防災公園はUR都市機構（以下、UR）に売却後、茨木市に都市公園用地として譲渡された。市街地整備エリアも同じくURを経て譲渡された茨木市が大学に無償貸与する代わりに、市民に開放する大学施設の建設を大学が行い、それに対する財政支援を受けるという開発手法がとられている。行政と大学が、双方の魅力を高めることに成功している。

実際に訪れてみると、公園を中心に建物を一体で整備したことにより、施設全体に統一感がある。広々としたアプローチで公園から迎え入れられ"公園の中にあるキャンパス"という印象を受ける。「岩倉公園」は、URにより整備された防災拠点で、道路を挟んで住宅街に接しており、多くの親子連れで活気づいている。公園に隣接する市民に開放された公共機能を有する「立命館いばらきフューチャープラザ」には、地域最大級の大学図書館という魅力的な施設が配置され、一般市民が利用できる商工会議所やイベントホール、スターバックスコーヒーなどが入っている。ここにある「まちライブラリー」は、共通の本やテーマをもった人々をインキュベートする、地域住民向けの情報拠点である。大学教育施設側にも公園に面した1階に学生食堂やカフェがあり、一部は昼食時以外の時間帯に一般市民へも開放されている。これらのパブリックなスペースは、それぞれ公園側にも出入口が設けられ、気軽なアクセスを促す。通常は足を踏み入れるのを躊躇してしまう大学という場所だが、ハード面・ソフト面の双方から地域との交流を歓迎するメッセージを発することで、地域の人に親しまれる場がつくり出されている。

人が集まるわけ

公園との一体開発という点では、東京の「中野四季の都市（まち）」も近いだろう。警察大学校等の跡地の再開発で、防災拠点としての「中野四季の森公園」を中心に、すべて公園に接して、オフィス、複数の大学、住宅などがコンプレックスしている。周囲にフェンスはなく、道路でも分断されていない。公園は通勤・通学の通過動線であり、商業・オフィスとしての要素が強いものの、人々を引きつけている点はよく似ている。

「中野四季の都市」と比べて「岩倉公園」は通過動線として利用されることは少ない反面、周囲に目的をもった市民を対象とした公共・公益

「岩倉公園」は親子連れで賑わう

空のプラザ、ステージ：緑のキャナルが連続的に配置されている。レストラン・カフェの上部のテラスは屋上緑化がされて誰でもアクセスができる

施設的要素を配置し、ここに滞在する人々を引きつけている点が特筆すべきである。さらに、立命館大学と茨木市は多様なコミュニティに対して地域開放型の企画まで用意し、「観る、体験する、知る、食べる、買う」という誰もが行為をイメージしやすい身近な言葉で、地域に参画を呼びかけている。アクティビティの幅は敷地内の活動に限定されることはなく、田植えから収穫まで一貫した体験により食への関心を高める企画も行われている。

理想的な繋がりのあり方

「立命館大学大阪いばらきキャンパス」の成功例を見て考えさせられたのは、公共施設・教育施設と公園の親和性は非常に高い一方で、都市公園のほとんどが周囲を道路やフェンスで囲われている現状である。市区町村の管轄上の問題、管理責任や利害関係などさまざまな要因があるのだろうが、狭い敷地に高密度で児童がいる学校に、あまり利用されていない広大な公園が隣接しているのを見ると違和感を覚えてしまう。特に保育園は、設置の基本的要件に屋外遊技場が条件づけられていることからも、公園との親和性が高い。保育園不足の問題から都市公園法が改正（2017年6月15日施行）され、公園内での保育所、保育園、認定こども園、学童クラブの設置が可能となった。安全性の観点から建物周囲にフェンスは残っているものの、公園側を正面エントランスとする保育施設も登場し始めている。園庭をもたない保育園としては理想的な構図である。

一般にまちづくりは、都市計画上公益に資するであろうと考えられた行政上の枠組みで完結しがちである。用途地域の区分や公開空地などの見えない境界線、緑化条件などという対策に翻弄されながらもつくり出された空間が、人が集まり、活用される場所になっているだろうか。

「立命館大学大阪いばらきキャンパス」のパブリックスペースは、市民の視点で本質的な豊かさのあり方が実現されている。地域貢献と大学のブランディングの両方を実現するためには、まちと大学が一体となってデザインできる仕組みづくりが不可欠である。

公園に面してカフェ、コンビニ、レストラン、大学食堂などが配置されている

第2章
これからの
学修環境を考える

ワシントン大学図書館

時間軸から読み取る学修環境の変遷

　高学歴社会が求める大学から高度情報化社会が求める大学へと、大学への要請は変化してきています。1960年代半ばから1980年代までは、エリート教育からマス教育へと変化し、それに対応した授業をはじめ教育の考え方がありました。1990年代に入ると、マスからユニバーサルへと教育のスタイルは大きな変革が試みられました。その背景には、教育をつかさどる文部科学省による新たな教育のあり方の施策や、2018年から下降する少子化による18歳人口減少に向けた各大学での対応や、ICT導入に伴う授業形態の変化、また、単位の実質化に伴い、授業の前後での予復習を中心とした学修環境の推進があります。

　第2章では、諸外国から学ぶ学修環境についての仮説や、オフィスでのワークプレイスからも発展・展開でき得るラーニング・スペースのあり方についてなど、現状の日本の学修環境と今後のあり方について多角的に議論しています。

18歳人口と高等教育機関への進学率等

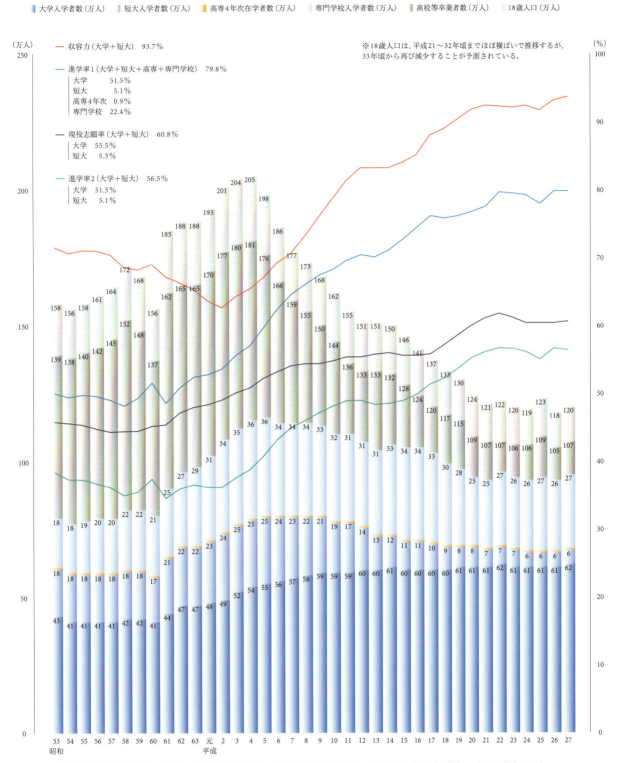

出典：文部科学省「学校基本統計」（進学率、現役志願率については、小数点以下第2位を四捨五入しているため、内訳の計と合計が一致しない場合がある）
＊1：18歳人口＝3年前の中学校卒業者数および中等教育学校前期課程修了者数　＊2：進学率-1＝［当該年度の大学・短大・専門学校の入学者数、高専4年次在学者数］÷［18歳人口］　＊3：進学率-2＝［当該年度の大学・短大の入学者数］÷［18歳人口］　＊4：高校等卒業者数＝高等学校卒業者数および中等教育学校後期課程修了者数　＊5：現役志願率＝［当該年度の高校等卒業者数のうち大学・短大へ願書を提出した者の数］÷［当該年度の高校等卒業者数］　＊6：収容力＝［当該年度の大学・短大入学者数］÷［当該年度の大学・短大志願者数］

第2章　これからの学修環境を考える

ラーニング・スペースの設えの変遷

◎PC・AL教室　●小講義室　◻中講義室　■大講義室

◎単独でコンピュータ授業を行う教室が登場

●収容効率を重視したコンパクトなデザイン

1980-1990　　　1991-2000

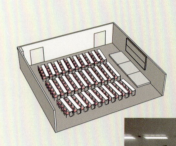

◻コンピュータサイズの変化に伴い机スリム化、インターネット利用、有線LAN導入

■大人数での一斉講義中心（収容効率重視）

※写真提供：イトーキ

ラーニング・スペースの変化	1985 総合選択制の制度化	1997 学校選択制の導入

世の中の動き	1986〜1991 バブル景気	1995 阪神・淡路大震災

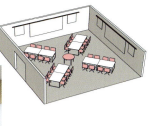

◎AL対応重視でキャスター付きの机やメモ台付きの椅子増加。シンクライアント端末一人1台購入等に伴い、無線LAN・LANシート化

※

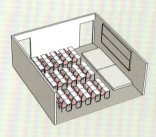

◉収容効率だけでなく座り心地などで他大学と差別化。多様な授業への対応で可動式の机が増加

2001-2010　　　　2011-2018

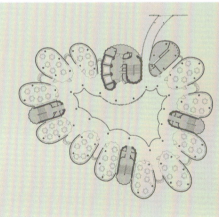

◉南洋工科大学 ラーニングハブ
双方向授業の進化形。四角い教室である必要はなく、グループごとの議論に適した、円形に近い形の教室

2011　脱ゆとり教育開始
2012　中央教育審議会
「新たな未来を築くための大学教育の質的転換に向けて
〜生涯学び続け、主体的に考える力を育成する大学へ〜（答申）」
2000　学力到達度国際比較テスト開始
2014　中央教育審議会 諮問
2002　ゆとり教育開始
2020　高等学校と大学の教育内容が大きく変わる
2006　改正教育基本法公布
　　　大学入学共通テスト、新学習指導要領実施

2008　世界的金融危機
2011　東日本大震災

2020　東京オリンピック開催（予定）

第2章　これからの学修環境を考える

ラーニング・コモンズの設えの変遷

◎グループ学習　●視聴覚媒体　◻ICT　◼個人学習

◻コンピュータ導入。CRTとキーボードのため奥行が深い机

1980-1990

1991-2000

◻OPACの普及で書籍検索は
コンピュータに移行

◼書籍検索は蔵書カードで

◼読書やレポート作成のための
機能中心

※写真提供：イトーキ

1992　アイオワ大学Information Arcade完成

1994　南カリフォルニア大学　インフォメーション・コモンズ完成

1999　Donald Beagleは「大学図書館のサービス提供の新しいモデル」と述べ、
サービスの目的が「情報検索から知識の創造」にまでわたっていることに
その特徴があると提起

ラーニング・コモンズの変化

世の中の動き　　1986〜1991　バブル景気　　1995　阪神・淡路大震災

◎ラーニング・コモンズ導入が始まり、ワイガヤできるグループ学習の場が登場

ワイガヤ：立場にかかわらず、課題やテーマを共有して話し合うことでより深い解決方法を探っていく手法

●一人でビデオ教材の視聴ができるコーナー

●グループでビデオ教材の視聴ができるコーナー

◻電子書籍や動画、タブレット端末対応でLANシート導入

2001-2010　　　　2011-2018

◻外国語学習（視聴＆発声）ブース

●モード学園：パーソナルスペースを重視した個人学修コーナー

●明治大学 グローバルフロント メディアラウンジ：書籍を置かない図書空間。PC利用に特化した情報収集・情報交換のための場所

2004　ラーニング・コモンズの領域として、Donald Beagleは、南カリフォルニア大学により開催された、全米会議「インフォメーション・コモンズ：教室を越える学習スペース」における報告"From Information Commons to Learning Commons"の中で、変化の類型学に基づく、発展的な枠組みを提示

2008　世界的金融危機

2011　東日本大震災

2020　東京オリンピック開催（予定）

アメリカ東海岸トップ大学の
キャンパス施設とつくり

大成建設 設計本部 建築設計第2部長　上甲 孝　Takashi Joko

　この項では、アメリカ東海岸の名門私学大学をいくつかご紹介します。ボストンのハーバード大学とMIT（マサチューセッツ工科大学）、ニューヘブンのイェール大学、フィラデルフィアのペンシルバニア大学、これらは街なかに施設が点在するタイプのキャンパスです。また、都市型キャンパスとして、ニューヨークから1棟に施設が集約されたニュースクール大学をご紹介します。

オールドヤードを中心に発展する
ハーバード大学とイェール大学

　ボストンのハーバード大学は大学の各施設が街なかに溶け込んでいるキャンパスです。街は古くからのレンガ造を中心として、その歴史は1600年代に遡り、全体としては直径1.5kmの範囲に広がる大きなキャンパスです。

　ハーバード大学は、
- 1636年創設のアメリカでも最も古い大学の一つ
- 学生一人当たり約970㎡の校地面積
- 学生のうち約7割（約68.4％）が大学院生

といった特徴をもちます。

　キャンパスは、イギリスの大学を模してつくられたといわれていますが、ケンブリッジ大学やオックスフォード大学のつくりと大きく異なるのは、四角い中庭を囲う建物が、
- イギリスはチャペルをはじめとする学寮、食堂などさまざまな機能が一つの大きな建物を構成している
- アメリカは独立した個々の建物で構成され、隅部が開放されている

という点です。ハーバード大学のキャンパスは大小さまざまなオープンスペース（ヤード）が独立した建物で囲われており、強いまとまりはあるものの隅部が開放されており、建物と建物の間から隣のヤードへと続くように拡張していくことができました。また各々のヤードにも、各建物や隣のヤードへ向かうショートカットが多くつくられています。これらの通路の幅は、平均的に人がすれ違える程度となっています。

　こうした発想がアメリカの大学街の原型と思われます。その結果、閉鎖的になることなく、市民にも開放されたキャンパスがつくられてきました。休日は観光客で賑わい、木陰ではラップトップPCで勉学に励む学生の姿もあります。

　近くの発掘作業場にある看板を見ると「オールド・ハーバード・ヤード」とあり、1630年代からあるハーバード大学の最も古いエリア（写真1）と記されていました。ここでは、学生も含めたさまざまな人が思い思いの休日を過ごす、開放的なアメリカの大学の特徴を感じることができます。

　ニューヘブンのイェール大学も古くからの大学街で、ハーバード大学と同じように創設時からのヤードを中心に発展をしてきました。キャンパスとしてはハーバード大学よりも小さいですが、スターバックスをはじめとした飲食店舗や物販店舗も学園都市の一部としてなじんでおり、とてもよい雰囲気でした（写真2）。

これらの施設点在型の大学は、古くからのヤードを中心としてどのように発展してきたかが、それぞれのキャンパスの個性になっていると言えます。

街と動線を共有するペンシルバニア大学

　ハーバード大学より大きな街にあるキャンパスとして、フィラデルフィアのペンシルバニア大学を紹介します。このキャンパスの特徴としては、大学内の歴史的建造物の地図にも記載されているドミトリー(学寮)の1辺のラインに沿うかたちで、街区を斜めに貫く1本の筋があるということが挙げられます。これは、「ウッドランドウォーク」と呼ばれており、フィラデルフィアの街の中にある散歩道です(写真3,4)。街の動線とキャンパスの動線が重なっているため、街と大学が一体となって、いろいろな建物を繋いでいるという構成です。

　また、キャンパスと街の接点に近い場所には、大学のアピールには欠かせない最先端の研究施設として、ナノテクノロジーラボがあります。このラボの特徴的な設えとして、地下と2階にそれぞれ似ているけれど少し異なる研究テーマの施設を配置し、1階を両者が互いに刺激し合えるコモンズとしていることが挙げられます。

空間を有効に活用するニュースクール大学

　ニューヨークからは、アート、デザイン、ファッションの3学部を一体化した複合施設、ニュースクール大学のユニバーシティセンターを紹介します。こちらはビルディングタイプの都市型キャンパスとして、上層階にドミトリー、中層以下に図書館、クラスルーム、下層を他の機能とした、複合施設になっています。

　平面にその特徴が表れていますが、3学部の複合化に際して、それぞれの動線となる3カ所の階段により

ハーバード大学／イェール大学／ペンシルバニア大学

1 ハーバード大学のオールド・ハーバード・ヤード｜2 学園都市と呼ぶにふさわしいイェール大学｜3,4 ペンシルバニア大学の構内道路であり、街の散歩道でもあるウッドランドウォーク

分割構成されており、しかもいずれの階段も3方道路に顔を出していることがポイントです(写真5)。複雑な階段の立体交差は、防火ガラスによる防火区画と90度の曲がり階段を多用することで成立しています。上下の移動はすべて見える化されており、学生の活発な交流と相互の刺激が得られる仕組みです(写真6)。

学修環境という面では、PCを前提としたつくりのレクチャールームをはじめとして、どこでもPCを繋げる環境が提供されており、オープンスペースでも、いたる所で学生が勉強している姿が印象的でした(写真7)。

空間を有効に使うといった観点では、大ホールと小ホールをパーティションで分割することも、一体化することもできる工夫が施されています(写真8,9)。

企業との連携が魅力のMIT

それではまたボストンに戻って、MITです。MITの優位性は企業のオフィス街に位置していることです。そのため、大学のキャンパスというよりは、ビジネス街のビルの集合体のような構成となっています。

キャンパスはチャールズ川に沿って東西に長い形状のため、機能配置上、重要なキャンパス軸ともいえる学生動線ができ上がりました(写真10)。オーディトリアム設計の際にエーロ・サーリネンが招聘されたのですが、彼が、当初建設候補地とされた川沿いの土地ではなく、実際に建設された内陸部の土地にこだわった理由もこれにあります。

この学生動線は西の運動施設からホール、チャペルを経て、ロジャースビル、学生サービスセンター、有名なキリアンコートを経て、東の図書館、MITメディアラボ、スタタ・センターに接続し、地下鉄のケンドール駅に続いています(写真11,12)。

東の広場に面したフランク・O・ゲーリー設計のス

ニュースクール大学

5 1棟集約型のニュースクール大学ユニバーシティセンター。アート、デザイン、服飾の各学部を、3面の道路に開いた三つの階段で見せる手法が採用されている | 6 内部は階段によって上下の「見える化」が実現されている | 7 あらゆる場所でPCを用いた学修が可能 | 8,9 大ホールと小ホールは、パーティションにより分割することも一体的に利用することも可能

タタ・センターには、カフェテリアだけでなく、託児所まであります。誰にでも門戸が開かれている姿勢が表れています。共用スペースには黒板もあって、寸暇を惜しんで勉強する学生の姿が見られます（写真13）。

槇文彦設計のメディアラボ（写真14 p.62）では、外から見えない研究活動やプライベートなスペースを徹底的に排除することで、ラボユニットと大きな共用部を生み出しています。その結果、研究活動の見える化（IT）を見せる化（メディア）にまで進化させています（写真15〜17 p.62）。3層の大きな共用部を取り囲むように、2層単位のラボユニットをスキップフロアで配置しています。それぞれの空間が接する所にガラススクリーンを用いて研究活動の見える化を実現しています。

パブリックスペースはラボ同士の刺激や活性化の場となっています。ここにも共用スペースとして2層のアトリエがあり、研究個室とのコラボが図られています。

他にもシンクギャラリー（写真17）と銘打って、リフレッシュタイムも見える化されていたり、最上階にはイベントスペースも用意されています。このようなキャンパスは企業からの研究委託や企業への研究成果発信といった重要な役割を担うための、最高の環境を提供しています。

学生のニーズを反映したキャンパス計画

アメリカのキャンパスの見学を通してまず何より強く感じたのは、アメリカでは大学経営の目線が学ぶ側のニーズをしっかり捉えているということ。つまり、「学びたい者」「研究したい者」に対して、相応のコスト（学費）に見合った最高の環境が与えられるということです。一例ですが、MITのスローンスクール（写真18 p.63）という、寄附金をもとに設立されたMBAコースの施設があります。授業料は年間約6万ドルで

MIT（学生動線と共有スペース）

10 地下鉄駅からMITキャンパス内へと続く学生動線 ｜ 11, 12 学生動線の脇には図書館やCOOP等の共用施設やコートなどが配置されている ｜ 13 レイ&マリア・スタタ・センターの内部。廊下のコーナーには机や椅子が置かれ、壁には黒板も設置されている

す。ここは1,500名の学生に対して500名の教職員が対応するという、手厚く、先生と学生の距離感が非常に近い施設です。施設の中を見学すると、投資した学費に応じて提供される環境に対する貪欲さが伝わってきます。ラウンジやカフェテリアでは寛ぐどころか、PCを抱えて勉強している様子がいつも見られます（写真19）。フラットタイプと階段タイプの講義室（写真21,22）では、先生を取り囲んでの議論や、階段教室を利用したプロジェクターやPCを使った集中講義等、その充実度には目を見張るものがあります。最上階のファカルティ施設（写真20）も、最高の客員を迎えるための借景や広さ、設えとなっています。

キャンパスの機能配置計画に関しては、MITをはじめ人の動きに合わせた施設が機能的に配置されています（写真23）。キャンパス計画に関しては、シンボル、広場、塔、歴史的建造物、芝生等、キャンパスの中心となるものが用意されています。それらは人の集まる仕掛けであるとともに学生生活の記憶に残る風景をもたらします（写真24）。

施設計画で必要な設えとは、ラボでは研究ユニットの単位とその共用スペースの考え方に現れています。講義室ではコミュニケーションや講座の内容により"小さな単位"や"大きな単位"にもできることが重要です（写真25〜28 p.64）。つまり先生と学生の距離や、学生同士のコミュニケーションの距離で学びが決まるといえます。同様に、企業との連携・産学協働を図ることや、招聘された建築家の設計した生きた教材を活かすことも重要です（写真29,30 p.65）。

学生の居場所となる場／スペース計画は、いつどこでも学修できる環境が重要だと感じました。ちょっとしたフォリーでも落ち着ければよいのです（写真31 p.65）。併せて、社会人や社会的弱者の方など誰でも学べる環境であることです（写真32,33 p.65）。

そして文化的背景で忘れてはならないことは、寄附という文化です。槇文彦設計のペンシルバニア大学アネンバーグ・パブリックポリシーセンターは、施設自

MIT（メディアラボ）

14,15,16,17 研究活動の「見える化」を徹底して「見せる化」まで昇華させたMITのメディアラボ

MIT（スローンスクール）

18 学修したい学生に開かれる最高の環境が整ったMITのスローンスクール ｜ 19 1階のカフェテリア ｜ 20 最上階のファカルティラウンジ ｜ 21,22 2階講義室はアクティブ・ラーニングに使えるフラットなタイプとレクチャー形式に適した階段タイプの2種類がある

人の動きに合わせた機能配置計画

23 MITスチューデント・センターの隠れた軸線の一部。人の動きと整合された機能配置（サイネージなど）

記憶に残るキャンパス計画

24 イェール大学のキャンパスの中心には広場や塔が配置され、人が自然に集まり記憶に残るような仕掛けが施されている

第2章 これからの学修環境を考える

体がアネンバーグという資産家からの寄附でできています。母校や地元に贈る寄附が、充実した施設整備には欠かせないことがわかりました。寄附と地域開放はアメリカの大学をつくる両輪です。ハーバード大学での市民開放された図書館の例ですが、学生当たりの蔵書数は東京大学の1.5倍ほどでした。

日本とアメリカの学生の違い

次に日本、アジアの学修環境はどうかということについて考えてみたいと思います。これは以降のレクチャーやワークセッションのテーマであり、また継続して考えるべきテーマでもあります。平成25年版の文科省の白書に日米を教育指標で比較したデータがありますので、日米で統計の取り方は違いますが、2〜3紹介しておきます。

大学進学率(図34)までは似た傾向にあります。とこ ろが、在学率(図35)を比較すると、大学に入ることが目的になってしまっている日本の状況が浮かび上がってきます。施設づくりから重要な示唆があるように感じます。学びに応えてくれる施設を提供しているかまではわかりませんが、数字上はアメリカの在学率は100%を超えます。在学者の年齢構成(図36)は、アメリカのパートタイム在学者は30代以上が半数を超えています。各大学で見られたように、産学連携での社会人学生、ステータスアップを図るための学生、託児所に子どもを預けて学びたい学生を、日本でも広く受け入れていく必要があるわけです。

専門分野を見ると学部専攻については日米ほぼ似たような分布ですが、修士・博士となると違いが現れます(図37)。アメリカは法律、経済が人気で、ご紹介したスローンスクールのような分野に手厚くなっていることがわかります。

多様な共用スペースのサイズ

25,26 MITメディアラボ ｜ 27 ペンシルバニア大学ナノテクノロジーラボ ｜ 28 MITスローンスクール　いずれも質の高い研究や効果的な講義を行うため、距離感の異なる多様な研究ユニットやラーニング・ユニットが用意されている

※平成25年版 文科省白書より

日米教育指標比較※

日米の進学率 （図34）

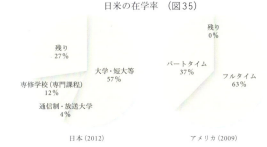

残り 19%
専修学校（専門課程）22%
大学・短大等 57%
通信制・放送大学 2%

日本（2012）

残り 27%
フルタイム 59%
パートタイム 14%

アメリカ（2009）

日米の在学率 （図35）

残り 0%
残り 27%
大学・短大等 57%
専修学校（専門課程）12%
通信制・放送大学 4%

日本（2012）

パートタイム 37%
フルタイム 63%

アメリカ（2009）

全米年齢別在学者の構成 （図36）

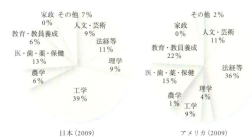

18歳未満 1%
30歳以上 13%
18〜19歳 28%
25〜29歳 12%
22〜24歳 20%
20〜21歳 26%

フルタイム在学者

18歳未満 0%
18〜19歳 7%
20〜21歳 9%
22〜24歳 14%
25〜29歳 20%
30歳以上 50%

パートタイム在学者

学位取得者の専門分野別構成：大学院段階 （図37）

家政 0%　その他 7%
教育・教員養成 6%
人文・芸術 9%
医・歯・薬・保健 13%
法経等 11%
農学 6%
理学 9%
工学 39%

日本（2009）

その他 2%
家政 0%
人文・芸術 11%
教育・教員養成 22%
医・歯・薬・保健 15%
法経等 36%
農学 1%
理学 4%
工学 9%

アメリカ（2009）

※アメリカのデータは2年制大学と4年制大学を対象に集計。フルタイムとは、学習以外の活動が原理上不可能な過程を履修し、通常の修業年限内に所定科目で一定の単位数を取得する就学形態。パートタイムとは、学習以外の活動が可能で修業年限がフルタイムより長く、一定期間に取得すべき単位数がフルタイム学生の75％未満（いずれ単位を取得すれば学位を得られる）の就学形態をいう。アメリカでは進学率より在学率が高いことから入学定員以上の在学者がいることが読み取れ、年齢構成から、パートタイム就学では特に、社会人に門戸が開かれていることがわかる。

施設計画（生きた教材）

スペース計画／ユニバーサルデザイン

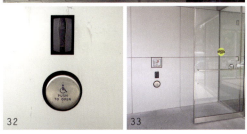

29　イェール大学建築芸術学部棟（ポール・ルドルフ設計）｜30　イェール大学ホッケーリンク（エーロ・サーリネン設計）　質の高い学生生活のため、建築的価値の高い建物が活かされている

31　ハーバード大学サイエンス・センターでは各所に考え、学ぶ場が用意されている　｜　32,33　MITメディアラボは誰でも受け入れるユニバーサルデザインが徹底している

第2章　これからの学修環境を考える　65

欧米の学修環境から考える日本の教育施設のあり方

日建設計 設計部長　岩﨑克也　Katsuya Iwasaki

「四つのS」のコモンズ空間

1980年代、MIT（マサチューセッツ工科大学）のドナルド・ショーン先生を中心として、学びにおける「リフレクション」の重要性が提起されていました。リフレクションとは、自分自身が体験したことについて振り返り、他人と対話し、より深く学ぶためのものだそうです。

そして近年、「子ども学」の研究者でもある同志社女子大学現代社会学部特任教授の上田信行先生は、リフレクションの思想を一段深めた「プレイフル・ラーニング」という概念を提唱されています。これは、人々が集い、本気でものごとに取り組むなかで起こる「ワクワク感あふれる学び」を表す言葉です。

上田先生は「学び」の風景を次の四つに分類し、体験や活動によって、現在の学びが新しい方向へ向かっていることを示唆しています。一つ目はSCHOOL型。これは従来の一般的な「教室型の学びの場」です。二つ目は能動的なSTUDIO型。アトリエやラボなど、工房における体験学習がこの代表的なものといえます。三つ目はSTAGE型。これは仲間やオーディエンスに喜んでもらおうと、一生懸命にプレゼンテーションして伝えようとするなかで気づく学びです。四つ目はSTREET型。国家や環境、学校等、今まで自分が知っていたものと異なる文化と出会うことで、既成の固定概念や常識が壊され、「そんな考え方があったのか!」というショックを受けること。つまり、あえて不安定な環境の状況に置くことで、新たな発見に気づき、学び続けていくかたちです。

上田先生が定義したこのSCHOOL・STUDIO・STAGE・STREETについて、私はそれぞれの空間の輪郭をイメージしやすくするために、この四つの「Sの空間」を少々拡大解釈して、これまで私たちがラーニング・コモンズの考え方で使ってきた「学修」「実践」「発信」「交流」という空間に照らし合わせてみました。

- 「学修」──Get
  SCHOOLは自分の知らない知識を獲得する場所。
- 「実践」──Make
  STUDIOは知識を友だちと共有し、新たな知識を育む。
- 「発信」──Perform
  STAGEは知識を皆に披露して、フィードバックを得る。
- 「交流」──Clash
  STREETはフィードバックする知識をぶつけることで新しいテーマにする。

ここでは仮説としてこの「四つのS」を軸に、海外で視察してきた事例を踏まえてご紹介します。

コモンズを創る九つの工夫

まず、「学修」の空間について考えてみたいと思います。「学修」のためのコモンズをつくることは「人が集まる場所につくる。人が集まる場所に仕立てる」と定義してみます。私は数回にわたる海外教育施設の

1. マグネット効果——そこに集まる!

1 ウィーン経済・経営大学講義棟の主要な動線に隣接するかたちで配置されたコモンズ ｜ 2 ワシントン大学図書館棟の図書館に隣接して配置されたコモンズ ｜ 3 スタンフォード大学YZEZ棟のカフェに配置されたTV会議システム

視察を通じて、これらをより魅力的なものとするためには、次の「三つの効果と九つの建築的工夫」が必要だという考えに至りました。

効果1. マグネット効果があること——そこに集まる!

コモンズとはその場に人が自然に集まってくることが重要な要素となります。そのためには次の1)〜3)の建築的工夫が必要です。

1) 主要な動線空間に隣接

ウィーン経済・経営大学講義棟やニューヨークにあるニュースクール大学センター棟では、学生の動線空間に沿って学生が学修するコモンズを配置することで利用率を向上させています(写真1)。

2) 食堂・学生プラザ・図書館などに併設

一定時間滞在する目的があって人が集まる施設に併設するとき、ワシントン大学学生会館、MITのスタタ・センターなどの事例を見ると、人は自然採光のある場所に集まり、そこにとどまる傾向があります(写真2)。

3) カフェ・コピーコーナーの近くに配置

スタンフォード大学やワシントン大学などでは、多くの人が自然に集まるカフェやコピーコーナーのまわりに学修スペースとしてコモンズを配置することで、その効果を発揮しています(写真3)。

効果2．「居心地」が好いこと──そこにとどまる！

　二つ目は「居心地」が好いことです。私たちがコモンズを設計する際にはやはりこのことを重視しないとうまくいきません。どのようにすれば人々がそのように感じてそこにとどまるようになるのか。その建築的工夫としては次の4）〜6）の要素が挙げられると考えます。

4）光環境／自然採光

　積極的に自然の光を取り入れながら明るい空間をつくること。MITのスタタ・センターやワシントン大学の学生会館では、動線の中に自然光が落ちる空間を意図的にデザインしています。そういった場所に学生が自然と集まっていることがよくわかりました。特に立体的なストリートに積極的に自然光を取り込み、こ こを中心にコモンズ空間を配置する手法が有効であると感じました（写真4〜7）。

5）音環境／それぞれの場に合った適正な音（静／静、静／動、動／静、動／動の使い分け。学修形態に合った環境）

　ウィーン経済・経営大学やワシントン大学の図書館棟では、それぞれの場で学修する人に合わせて、意図的に吸音性能を変えた次の四つの空間をつくっています。

- 自分も他者も「静」であってほしい空間（静／静）。これは集中や静寂を最も必要とするタイプの空間で、視察した大学ではPCのもち込みも禁止していました。
- まわりに人がいたほうが落ち着くが、自分自身は集中したいタイプの空間（静／動）。

2.「居心地」が好いこと──4）光環境／自然採光

4　MITスタタセンター　｜　5,6,7　ワシントン大学学生会館　自然光が取り込まれた吹抜けや廊下に面して配置されたさまざまなコモンズ空間

2.「居心地」が好いこと── 5) 音環境（四つの音環境バリエーションマトリクス）

- グループ学習において効率を発揮するタイプの空間（動／静）。
- 周囲が騒がしいタイプの空間（動／動）。カフェテリアはまさにこのタイプといえます。

これまでの海外視察を通して、音環境の方向づけが異なる四つほどの空間タイプが存在することがわかってきました。これを「四つの音環境バリエーションマトリクス」としてまとめてみました（p.69）。

6) 平面・立面・屋内外の空間の連続性

平面的、立面的に視覚的な広がりをもたせて、他者との「見る・見られる」関係をつくったり、内と外の繋がりをつくることです。これは教室と廊下のパーティションを透明な素材にしたり、吹抜け空間の中にコモンズを設けるという手法が挙げられます（写真8）。

内と外の連続性については第1章で述べたように、外部空間にも家具をつくり込むことで、そこで学生がPCを開いて勉強したり、おしゃべりを楽しむといったアクティビティが発生します（写真9）。

この「空間の連続性」は、その場所性を創るという領域操作によって使い手の感性を刺激し、それぞれが良い効果を得られることを狙いとしています。

効果3．「仕掛け」があること——そこから広がる！

三つ目はそこにいる人々をどう刺激していくか、という仕掛けの話です。この仕掛けは建築というよりも一般的な領域かもしれませんが、次の7)〜9)の工夫が考えられます。

7) 建築と家具の中間の領域をつくること

カリフォルニア州立大学サンディエゴ校の学生会館にある事例では、食堂の中にガラス壁で閉じた小さなフォリーのようなもう一つの領域をつくることで、ガラス張りの向こうに視線は抜けるものの音は静かという、入れ子のような学修空間をつくり出しています（写真10）。またスタンフォード大学ではヒューレット・パッカード社が起業された倉庫をデザインモチーフにした小さな学修スペースを室内に設けていました（写真11）。

このような仕掛けは人が集まる場所において、音環境を配慮し、かつ視覚的には連続した空間をつくることを意図しています。

8) 家具を自由に動かせること

次項のケーススタディでは家具関連についても近年

2.「居心地」が好いこと——6) 平面・立面・屋内外の空間の連続性

8 スタンフォード大学YZEZ棟 ｜ 9 クレムズドナウ大学ランドスケープ　平面や立体に空間を連続させる事例

3.「仕掛け」があること──7）建築と家具の中間の領域をつくること

10　カリフォルニア州立大学サンディエゴ校学生会館のグループ学修室前に配置されたPCラボ　|　11　スタンフォード大学YZEZ棟内部に配置されたヒューレット・パッカードのガレージ（レプリカ）

3.「仕掛け」があること──8）使い手の意思で家具を自由に動かせること

12　スタンフォード大学YZEZ棟　|　13　カリフォルニア州立大学サンディエゴ校学生会館　共用スペースの椅子や机はすべて可動式のものが配置されている

3.「仕掛け」があること──9）人（TA・チューター・ボランティア・教員等）によるサポート

14　カリフォルニア州立大学サンディエゴ校学生会館のワンストップカウンター　|　15　シアトル大学図書館のインフォメーションカウンターとラウンジ

「四つのS」を一つの建物に内包したスタディ模型

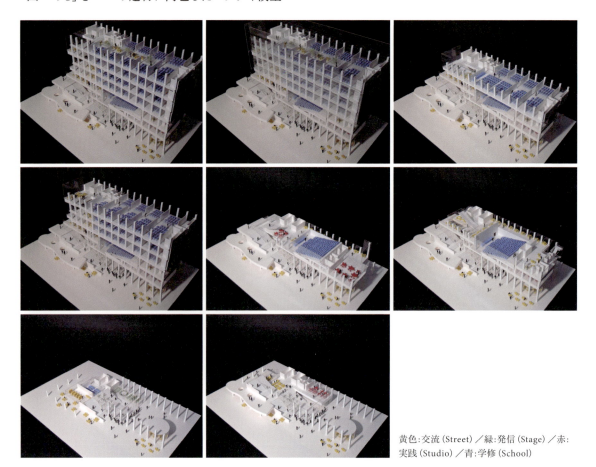

黄色:交流(Street)／緑:発信(Stage)／赤:実践(Studio)／青:学修(School)

の動向をご紹介いただきますが、刺激ある空間をつくる上では決まった固定の設えではなく「家具を自由に動かすことで、いろいろな使い方ができる」ということが非常に重要だと感じました(写真12,13 p.71)。

先ほどのスタンフォード大学では、もともと6人掛けくらいの家具をセットしていたそうなのですが、机や椅子を自由に動かせるものに変えたことで、今では学生たちが当初のレイアウトとはまったく違う使い方をしているとうかがいました。

9) 人(TA・チューター・ボランティア・教員等)によるサポート

最後は「人によるサポート」です。これは建築ではなかなかできませんが、ワンストップカウンターをつくって教員やTA(ティーチング・アシスタント)が学修のサポートをするというような場所が、アメリカの大学ではかなり目につきました(写真14,15 p.71)。こういった「人によるサポート」は、どれほどICTが進化した時代でも必要となります。

モデルスタディから
これからの教育施設を考える

さまざまな海外の事例を見てきたなかで、私は「学修(SCHOOL)」「実践(STUDIO)」「発信(STAGE)」「交流(STREET)」という「四つのS」を建物の中に入れ込むことが理想的であり、これからの大学や学修環境のあり方ではないかと考えるようになりました。

上の模型は「四つのS」の考え方を家具の色分けで

四つの空間の連携が実現する知のスパイラルアップ

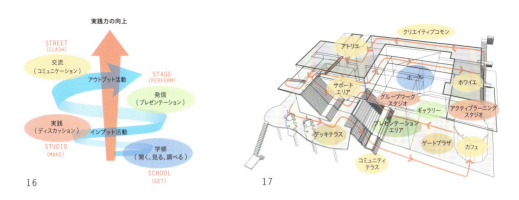

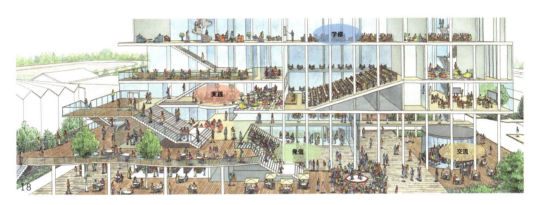

16 「四つのS」の相互作用の概念図。これらを一つの建物に内包することで実践力の向上が期待される
17, 18 「四つのS」を内包する空間構成のイメージ

表現し、今まで述べた建築的な九つの工夫を盛り込み、それらの空間を建物内に完結させてみた、一つのスタディです。

建物にはステージのような場所を設け、「見る、見られる関係」をつくりながら、「学修」「実践」「発信」「交流」が一筆書きで体験できる（スパイラルアップ）とよいと考えています（図16～18）。

欧米の学修環境を視察してきて、日本型の学修環境の特質は何だろうと考えると、従来、日本人は「議論をすること」をとても苦手としてきましたから、欧米の学修環境に比べ、個人の空間が好まれてきたように思います。ですから皆の中で一人になれる空間というのは必要ですし、その一方で、これからの国際化のなかで大勢の人と議論するための空間も必要とされます。今は欧米と大きな違いがありますが、将来的にはあまり差がなくなってくるのではないかと思っています。私たち設計者は、他人との関係をいろいろと選択できる空間創りが重要であると考えます。そのためには、建築だけでなく、また家具の領域だけでもなく、建築と家具の中間的なスケールの工夫も必要となります。そして、音、光環境をしっかりつくること。人を集め、居心地の好い空間をつくる努力をすること。さらには、前述の九つの工夫に加えて、畳や引戸などの可変性のある日本の生活文化からも「使い勝手に応じて選択できる空間のつくり方」がこれからの学修環境を考える鍵となると考えます。

CASE STUDY 1

広がり繋がる
学びのカタチ

イトーキ FMデザイン統括部　岡 純平　Junpei Oka

国によるコモンズ空間の違い

　私もウィーン経済・経営大学を視察しましたが、コモンズ空間における日本との違いは、家具のフレキシビリティにあると感じました。オーストリアの他の大学も同様でしたが、コモンズ空間を形成する上で、近年、日本のトレンドであるような可動式の家具を利用者自ら組み合わせるというスタイルは少なく、構築された場の特性を選択して学修している印象を受けました。講義室もいわゆるアクティブ・ラーニングのようなスタイルではなく、いかに学生が授業に専念できるかの観点で計画されているように感じました。

　国によるスタイルの違いから、今の日本の学修空間がどのような特性であるのかを把握するために、海外の地域ごとに比較してみました。

　まずオーストリアは、共用の大空間やメインストリートに付随あるいは融合して、ベーシックなスタイルで学修できるコモンズ空間が多く形成されています。またアメリカはすでに紹介されたように、多様な人物が集まる学際的交流を促す場が多く、スペースづくりから学びを創出する空間がトレンドであると感じました。

　一方で日本は、一つの空間の家具の可動性を高め、状況に合わせてスタイルを変えて利用できる、主体的な学修を促す場が増えています。日本的な学修空間を考えたときに、プライオリティや限られた敷地の規模が関係するのか、たとえば和の空間、畳間のようなひとつの場に対し融通性をもたせた慣習が、コモンズの使い勝手に表れているようにも思います。変幻自在に使われる可動式の家具が多く採用されている現状には、教育的背景はもちろん文化的な違いも影響しているのではないかと、海外との比較を見ながら考えさせられました。

学内の繋がりを活性化する

　「学び」にも内と外の大きく2軸の方向性があると思います。そこでこの2軸の考えをベースに、私たちがかかわった事例を紹介します。まず内にかかわる学びについては、従来、授業のスタイルは講義中心の学びが主流でしたが、昨今ではご存じの通り、学生が自ら考える課題解決型のスタイルや、グループワークによる宿題、反転授業など、授業外学修やその環境整備が進んでおり、ここ数年間で自律と協働による学びの多様化によって、新しい学びのかたちは各キャンパスで広がっていると実感しています。

　その事例として、立命館アジア太平洋大学図書館を紹介いたします。大分県にあるこの大学は学生の約半数が留学生で、私たちは図書館をラーニング・コモンズ化するお手伝いをしました。計画段階で"世界から集まる学生が国境を越えて一体となり、ともに学ぶ"をコンセプトとして「PANGAEA」と名づけ、アクティブとサイレントのフロアを明確に分けながらも、学びの可能性について検討を重ね、学修シーンに応じて選べる場づくりを心がけて計画しました。

　リニューアル後は、多くの学生が自分の座りたい席を確保するために開館前から並んでいることもあるそうで、自分のお気に入りの場を選択できることが、学生にとって利便性の良さを感じる重要な条件だと感じました。

　また、学内でのネットワークづくりも重視されており、他国の言語との出会いを創出する掲示板や母国の文化を紹介する展示コンテンツなどの、学内のコミュニティを新たに形成できる仕掛けがつくられています。内につくる学びの空間は各大学特有の姿で、学部・学科を超えた新たな繋がりを生む工夫がなされています。

関西大学梅田キャンパス

建物外観（左）と5階のキャリアセンター（右下）、6〜8階のセミナーフロア（右上）

学生と社会の接点をデザインする

　外にかかわる学びの事例として、関西大学梅田キャンパスをご紹介します（上掲写真）。ここは梅田の中心部に建つ8階建てのビルディング型のキャンパスです。設計施工が竹中工務店で、私たちもいくつかの空間をお手伝いしました。1階には地域に開かれたスターバックスのブックカフェがあり、上層にある施設を利用するのに学生が必ずここを通る構成になっています。普段出会わない活動に触れる場面をつくり、地域社会に開かれた学びの形成から産官学民の新たな連携で独自のイノベーション創出を目指したキャンパスです。

　フロアは全部で八つあり、1・2階に一般の方も利用できるブックカフェや起業を目指す方を支援する施設、3・4階に異業種交流サロン、5階から上がキャリアセンターや生涯学習授業が行われるセミナールームという構成です。

　この中で私たちがお手伝いした空間について述べますと、キャリアセンターは就職活動で立ち寄った学生を支援する仕掛けを充実させており、たとえば企業とのコンタクト等に利用する電話ボックスや身だしなみを整えるパウダーコーナーを設け、就活生の利便性に配慮しています。

　セミナールームは、社会人の学び直しプログラムにおける講義が行われており、学外利用者も多い施設になっています。ここにはランダムな配色の椅子が採用されており、グループワーク時に共通の色に座った見知らぬ人同士を繋げる機能をもたせています。授業のなかで新たな接点を自然に生む細かな仕掛けです。施設が街に開かれ、社会に対する感度の高い学生が集い、外とかかわる機会をつくることで、新たな学びの可能性を広げています。

　紹介した事例から、学生同士はもちろん、地域、社会、企業といった新たな出会いを繋ぎ合わせ、シームレスなコミュニティを形成できる場づくりが、これからの学修環境にとって重要ではないかと考えています。

オフィス事例から類比する都市への学びの場の再配置

コクヨ ワークスタイル研究所 所長　**若原 強** Tsuyoshi Wakahara

私は、新しい働き方や働く場についてのグローバルな情報収集や実証実験に携わっています。ここでは「オフィス事例から類比する都市への学び場の再配置」というテーマで近年の動向をご紹介します。先に「スターバックスのような空間も学ぶ場の一つになり得る」というお話がありましたが、そこを少し掘り下げて、都市というスコープでの学ぶ場の再配置をどう考えるかを、オフィスの事例から類比することで考えてみたいと思います。

反転授業を実践するヨーク大学

まず話の切り口として「反転授業」を取り上げてみたいと思います。これは従来の、家で予習復習して大学で講義を受けるという考え方から、講義聴講は自宅でオンラインで済ませ、大学は人が集まってやるべき議論の場に置き換えていくという考え方です。私たちの研究所で取材に行ったカナダのヨーク大学の事例を紹介します（下掲写真）。

ここは最近新設した工学部に人を呼び込むために、反転授業を取り入れています。そのため建物内には基本的に大講義室がありません。広い空間であっても、小割りにして学生が居場所をつくれる構成になっていたり、学修の設備が充実していたり、廊下に議論できるようなスペースがあったり、起業を見据え、投資家向けのプレゼン練習をする空間があったりします。この事例を通して、反転授業とは、「自宅と大学間における、学ぶ役割の再分担」をすることだと感じました。ここで「学ぶ役割の再分担」という目的で改めて街なかを見渡すと、自宅にとどまらず、先ほどのスターバックスのような、可能性のあるさまざまな場所が多くあることに気づきます。そういった場所に学ぶ行為と学ぶ場が今後拡散していき得ることを考えると、そのときに改めて大学のキャンパスが担うべき役割とは何なのか、ということに大変興味を惹かれます。

オフィスにおける反転授業

ワークプレイスにおいても、この反転授業のような事例、つまり、都市全体での働く行為と働く場の再配置が増えてきています。従来、働くという行為はオフィスの社屋の中で完結していました。しかし近年、通信技術やデバイスが発達してどこでも働ける状況になってきたなかで、オフィスだけでなく自宅、カフェ、

ヨーク大学（カナダ）

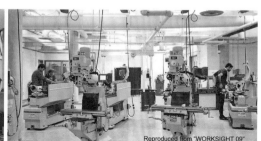

反転授業に最適化したさまざまな教室が用意されている

コワーキングスペース、パブリックスペースでも働く人が増えてきました。このように働く場が都市に分散していくなか、オフィスは今後も必要なのでしょうか。必要なのであればオフィスが改めて担う役割とは何なのでしょうか。私たちの研究所で立てている仮説群から、関連しそうな三つをご紹介し、学ぶ場の今後を「類比」するきっかけとしていただければと思います。

NHN Entertainment（韓国）

若い社員のライフスタイルに合致した機能が充実

[仮説1]
オフィスはチームワークを育む

一つ目の仮説は「オフィスは、チームワークを育み、相互理解を深める場所として残っていく」ということです。この事例として紹介したいのは、シアトルにあるマイクロソフト社のクラウドサービス部門のオフィスです。ここは「部署ごとにチームルームが与えられ、その設えや運用はチームに一任される」という、部署ごとに最適化できるオフィスとなっています。個人作業や簡単な打合せなら自宅やカフェでもできますが、チームの活動に最適化した場所はやはりオフィスでこそ実現すべき、ということです。たとえていうならば「部室」のような感覚の、チームに必要なものがすべて揃っている場所で、メンバー同士顔を合わせて情報交換やディスカッションをするなど、パブリックな場所ではなくオフィスでないとできないことが追求されています。

[仮説2]
オフィスは試行錯誤を加速する

仮説の二つ目は「デザイン思考を受け止める」ということです。この事例として紹介したいのはカナダのアウトドアメーカー、Mountain Equipment Co-op社のオフィスです。ここでは、自社オフィスの中で製品の試作、検証、そして撮影まで自由かつ迅速に行える場所が用意されています。

「生活者の価値観も購入動機も多様化し、従来のマーケティング・リサーチでは売れる商品を生み出すことが難しくなってきている」と昨今いわれます。そんななか注目されているのが、デザイン思考の一つの側面ともいえる「早めに小さめの失敗をたくさん繰り返すことで、リスクを最小化しつつ、生活者の嗜好を学ぶ機会を最大化する」というアプローチです。ここで必要となる「自社製品に特化してプロトタイプ制作やテストが素早くできる環境」というのも、オフィスだからこそ担える役割の一つといえるのではないでしょうか。

[仮説3]
オフィスは社員のライフスタイルをサポートする

最後の仮説は「ライフとの共存」です。上掲写真は韓国のオンラインゲーム会社NHN Entertainment社のものですが、健康のためにジムが併設されていたり、海外旅行や出張の多い社員のために旅行代理店が社内に入っていたり、ママワーカーのための授乳室・搾乳室や、若い人の間で流行っている歯磨きのためのスペースも充実しています。このような、豊かなライフスタイルに必要なものだが、社員個人が実現しようとするとお金も手間もかかってしまうことを、会社が用意して社員のライフスタイルまでサポートしていく、その場としてオフィスが使われていくという考え方です。

「都市の中での役割の再配分」という文脈において、オフィスが改めて担い得る役割としてこれらの仮説をご紹介しました。同様の文脈で、オフィスの仮説と類比しながら大学のキャンパスの新たな役割を探っていくことは、大変興味深い考察になると思っています。

これからの学修環境をめぐるワークセッション

レクチャー発表者とフォーラム参加者全員による活発な議論を再録する（p.149参照）。

岩﨑 これまでの発表について「私はこう思う」ということをご来場の皆さん全員で議論できればと思います。

音環境を空間ごとに考える

縄田 戸田建設の縄田と申します。「四つのS」のコモンズ空間で音環境の話が出ましたが、「オープンにして人を集めたいが、音の問題がある」という悩みを抱える大学は多いと思います。海外の場合は学生の年齢層が高いので、そういった配慮をする必要性が日本より低いと思いますが、日本で学びの場をつくるとき、音に対してどのように設計してきたのか教えていただけますか？

岩﨑 音環境に関しては、ウィーン経済・経営大学を訪問する以前はあまり考えていませんでした。ひたすらオープンなスペースで、家具の配列のなかでコモンズを考えていました。ウィーン経済・経営大学は、1階から上階に上がるに従って、床が長尺シートの空間からタイルカーペットの空間へと変化し、どんどん静かになっていきます。天井面の吸音も上階に上がるにつれて増えていき、その違いを体感できます。こうした体験を通して私は音環境の重要性を感じました。私が設計した中では、上智大学の吹抜け部分の床材をリノリウムからタイルカーペットに変更したり、壁も木質リブの裏側全面にグラスウールを入れて音を吸うような処理をしています。そうした工夫で長く座っていても快適な空間をつくりました（参考文献33,34,35）。

上甲 音環境については、静謐なほうがよいか、どこが静謐でないほうがよいかはいつも考えさせられている問題ですが、上に行くほど静かになるというのは、ラーニングを考える上で重要だと思いますね。

岡 立命館アジア太平洋大学図書館では、静と動のゾーンや機能分けをフロアで明確化することを大切にしました。図書館の1階は出入りする利用者で自然と賑やかになるので、一般に活動的な機能を多く配置しますが、その特徴を活かし新たな出会いを創出する場づくりに注力しました。一方、2階は落着きある場をメインにすることで静けさを少しでも演出できる工夫や囲われたゾーンを構成する等、音環境への配慮を心がけました。

竹森 岡村製作所の竹森です。家具メーカーとして参画した広島経済大学では、コモンズ棟はコミュニケー

1 ワークセッションの様子（中央スクリーン前がモデレーターの編著者）

ション主体、静かな学修をしたいときは既存の図書館を利用するという位置づけになっています。

若原 個人的には今後、テクノロジーと音の掛合せによって、学ぶ場・働く場がどう変わるかに興味があります。アメリカのSXSW（サウス・バイ・サウスウエスト）というイベントで、ドイツのベンチャー企業から、小さいスピーカーを格子状にたくさん並べた、スクリーンほどの大きさのスピーカーが出展されていました。一つ一つの小さなスピーカーから出る音の位相を調整することで、会場の右半分にはドイツ語を、左半分には英語を聴かせることや、最前列と最後列の人に同じ音量で音を届けることが可能になるというものでした。このようなテクノロジーをうまく使うことで、音の活用がさらに多様化し、物事の伝え方や教え方も今後大きく変わるのではないかと思っています。

和の考え方と可変性

上甲 CASE STUDY 1で出た「和の空間」の話ですが、和の考え方を教育やアクティブ・ラーニングの世界に活かすには、どういった考え方や方法があるのでしょうか?

岡 畳の上で行われる多様な活動のように、機能を一つに限定しすぎない考え方への関心があるのではないでしょうか。限られた空間の中でいかに融通性をもたせた使い方ができるか、という文化的背景のなかから学びの場に影響する要素があると感じていました。

竹森 人が自由に場所を選択できることは、オフィスでも学修環境でも同じで、自分のスタイルに合った設えができる仮設的な空間がこれから日本にも出てくると思います。スタンフォード大学のdスクール（写真2、p.80）では、プロジェクトに合わせて、自分たちでチームをカスタマイズできますが、そういう設えが日本にも増えてくるのではないでしょうか。

若原 一方、日本では「場の選択肢」が増えていっても、結局選択されずにいつも同じ場所が使われてしまうという懸念が少なからずあります。それは欧米の個人主義とは逆にある、日本人の同調性に根づいているところも少なくないと思います。場の選択肢を増やすことに加え、使う側の「場を選択して使い分けたい」という動機づけをいかに生み出すかも併せて考えていくことが、働く場でも学ぶ場でも重要になっていくのではないでしょうか。

変容する「場」と「移動」の意味

上甲 民族的な特徴は、大人になればなるほど顕著になってくることを考えると、そういう学修環境は小学校や幼稚園でつくるべきだという気もするのですが、そういう取組みはされているのでしょうか?

岩﨑 文科省が推奨する小中一貫校は、小学1〜4年、小学5〜中学1年、中学2〜3年と三つの学齢帯に合わせて分けるものですが、全国に約1,500校あるカリキュラムとして一貫・連携を実施している学校の7割くらいがこの分け方を採用しています。これは体の成長・心の成長に合わせた分け方で、私が設計した港区の小中一貫校、白金の丘学園（写真3, p.80）では、低学年は普通の教室の中で過ごす家のような空間・学修環境、中学年は他のクラスと一緒に授業したりする、オープンスペースと教室を使い込む空間・学修環境、高学年は受験などの教科教室型の空間として、自分たちの学修内容を外で発表できるように、廊下のスペースをつくり込む工夫をしました。

今、学校には自分たちで学修したことの確認と、他の人と議論をしながらその理解を深めることが求められています。これからの少子化時代に向けて学校のあり方と学修環境が変わってきていると感じています。

竹森 働く場でも、現代ではネットワークが充実してどこでもコミュニケーションが取れるため、リアルな場は人と人がその場の雰囲気を感じながら考えたり議論したりするサロ

2 スタンフォード大学のdスクール | 3 白金の丘学園のオープンスペース

ンになってきています。ですから学校も、今後は人と会ってどう感情を交わしていくかという場になるのではないでしょうか。これからの数年で学習指導要領もすべて変わりますので、そういった施設が今後多くできるのではないでしょうか。

上甲 「学び方」とは最終的に「どう生きていくか」に繋がるので、今の子どもたちが社会に出てどう生きていくかに影響します。そういう意味で学修環境のあり方はとても重要な役割を担っていると思います。

このように働く場や学びの場がだんだんとなくなっていくなかで、自宅と学校の移動はどのように変化するのでしょうか。あるいは学校の中を移動するときはどのようになるのでしょうか？

若原 移動に関する捉え方は2種類あると思っています。一つは、移動は無駄な時間であって削減対象であるという考え方。もう一つは、移動時間を今までにないかたちで活用する対象として考えること。前者は、リモートコミュニケーションやテレプレゼンスの技術が解決していく話です。後者は、たとえば車が自動運転になることを見据えると、移動時間が働く・学ぶ時間としてもっと活用されていく、というような話です。実際、先ほど申し上げたSXSWでは、参加したベンチャー企業から、会社で部署は違うが帰り道の同じ人同士がライドシェアして帰るサービスが紹介されていました。異部門の社員が同じ空間を共有しながら帰路につくことで、部門間コミュニケーションを活性化させるという目論見です。組織に必要とされる部門間コミュニケーションを移動中に行うことができる。移動は削減対象と思われる傾向が強いなかで、こういう視点はとても面白いと感じました。

岩﨑 先ほどの発表で私は「四つのS」というお話をしましたが、少し前まで同志社女子大学の上田信行先生はストリートという表現は使わないで、ムーブという言葉を使っていました。先生によると、スクール・スタジオ・ステージが先にあって、土台にムーブという言葉があると。これは、自らの足で動いて体験するなかで知識を得ることがよい、それが本当の学修であるということです。学びの場も、自らの足で歩いて獲得していくのがよいことだと思います。

岡 私も上田先生の授業を見学させていただく機会がありましたが、教室の中に活動を俯瞰するステージや、場面に応じて自由に組み合わせできるツールボックスがあり、学生自身が主体的に学びの場を構築できる仕掛けがありました。必要となる学修の空間を自ら創造した先に、本当の意味で学びを修得できるという考えがあるのだと思います。

上甲 教室と教室を結んでいる間をいかにコモンズ化するのか。そこにさらに動きを加えることで知的生産性が上がるのではないかと思っています。今後そういった実例が出てくれば、ライフスタイルに結びついていくのではないかと思います。

使い手がつくる余地をデザインする

飯島 日建設計の飯島と申します。スクールの語源は、ギリシア語の「余暇」を意味する「schore」に由来し、その根底には単に暇な時間ではなく、「学ぶこと」が「（学び手側が）手にしたいもの」であることが内含されています。日本のラーニング・コモンズはサプライヤー視点でものをつくり込みすぎていて、使う人の側に使い方を強いている現状があり

ます。オフィス空間もこれまではつくり込みすぎたため、現在ではつくり込みすぎないこと＝余地を残す考え方が主流になっていて、その思想が教育空間にも流れてくると思っていますがどうでしょうか？

岡　ラーニング・コモンズという空間の概念が出はじめだった頃の設計は、実際にどう活用されるかという情報や事例がまとまっていませんでした。当時は求められる場づくりを過剰に意識した、つくり込んだ設計が多くありましたが、最近ではシンプルな状態で設計し、学生がやりたいことをその場でコーディネイトできる空間づくりが増えているように思います。足りないツールがあれば学生は自ら構築できる力がありますので、教育空間にも適切なかたちとして「つくり込まない」流れが表れてきているように私も感じます。

若原　私は「空間を完成させる」という概念はなくてよいと考えます。常に進化し続けるつくり方ができないか、いい意味で半完成品を提供して最終決定をユーザーに委ねるような余白を埋め込むことを、大量生産を主としてきたメーカー側がどう実現できるのかということも考えています。

竹森　今後、自分たちで考えて方向性を導き出していく教育が浸透していくなかで、私たちもそれに合わせた空間をどうつくったらよいだろうと考えることになると思います。

岩﨑　これまでは建築は建築で場所をつくって、家具は家具で設え、それで完成という時代でした。今後はその中間のスケールの工夫が必要だと感じています。建築の設計者が「これは家具だから自分たちの仕事ではない」、あるいは家具のメーカーが「家具なのにここまでやっていいのか」というような中間のスケールまで両者が踏み込むと、居心地よく使える空間ができるように思います。

上甲　サイン・照明計画・デジタルサイネージ・IoTを使ったテーマが、この先テーマの一つになるのではないでしょうか。異業種間で協働することは大事ですが、機会がないと異業種で話し合うことがあまりないのが現状で、こうしたものがなかなかうまくいかない原因であると思います。

柴田　イトーキの柴田と申します。大学の方や設計事務所の方はアクティブ・ラーニングの場やラーニング・コモンズをつくりたいとおっしゃいますが、現場の学生は学ぶ場がほしいのではなく「居場所」を望んでいる場合もあるという印象があります。たとえばインターネットなど、同じ場にいなくても意識を共有できるコミュニケーション手段があるなかで、居場所や帰属意識を醸成する場は、一緒の空間にいることを重視する傾向があります。アクティブ・ラーニングの場をつくりたいというときに必要とされているのは、本当に学ぶ場なのかどうか、確認すべきだと思います。学ぶという場合でも、イノベーションを起こすようなレベルの学びから、一人ではわからないけれど、友だちと教え合えばわかるというようなレベルの学びまである。つくる側がどのレベルを目指しているかを確認し合わなければ、つくったけれど使われない問題の要因にもなると思います。

飯田　順天堂大学の飯田と申します。医学部の場合、「ラーニング・コモンズをつくったが、学生が忙しすぎて昼寝程度でしか利用されない」という現状もあります。アメリカと日本の大学教育制度の違いは、アメリカは大学院が中心、日本は学部が中心であること。アメリカではリベラルアーツを学部ですべて学修し、大学院に進学した上で専門を選択するためにラーニング・コモンズを使った個の議論が行われますが、日本は座学が中心です。アメリカの大学は、自分が専門職大学院に進むというゴールのための空間になっています。

技術という話で、オフィスの繋がりの話が出ました。ミネルバ大学にエディテックというプログラムがありますが、これは学生が7カ国を半年かけて移動しながら学ぶというものです。こういうプログラムに、これからのキャンパスがどうあるべきかというヒントがあるように思います。医学系の大学は国家ライセンスを取得するという目標がありますが、そのためにラーニング・コモンズは必要ないというのが私の見解です。

また「音」の問題についてですが、順天堂大学のある吹抜けを有する建物では、各教室を壁で隔てていません。また天井マイクではなくすべて個別マイクを使っています。今の技術なら、大講義室でも授業ができると思います。席間も広くとって、PBL（Problem Based Learning：課題解決型学習）やTBL（Team Based Learning：チーム基盤学習）も大きな教室の中でできるようにしている

ため、ラーニング・コモンズ自体、あまり使われていない現状があります。アクティブ・ラーニングの場合は、教える側も教材づくりなどが悩ましい。これからますます多様性が進みますが、技術をどう組み込むかで空間づくりも変わるし、いろいろな場所にまわることもできるし、プロジェクションマッピングなどで空間や壁面を変えるような、仕組みづくりが重要になってくると考えます。簡単に他の空間に変わるような仕組みがあったら、私たち大学側にとってはうれしいですね。

環境のパーソナライズ

若原 働き方でいうと、最近、複業というキーワードがあります。複数の企業に属して働くパラレルワークをする人が増えてきています。実際に複業をしている方の話に共通するのは、1社で働いているときと一番変わったのは、1社のときはその会社で働くことを前提に自分の人生設計をしていたが、複数の会社で同時に働くと、まず自分の人生をどうしたいかが先に出てきて、この部分はこの会社で働こうというように、考える順番がシフトしたということです。学ぶ場で同じようなことが起これば、自分で選んだ場に対する帰属意識が高まったり、学修行動に自己裁量が生まれたりすると思いますが、そういった議論や取組みが現在どれくらいなされているのかに興味があります。複数の組織に属しながら学び分ける、という学び方が一般化すると、学ぶ場として提供する空間はどう変わるのでしょうか？

竹森 大学同士の単位の相互取得はすでに始まっています。これからは学び直しの場、次のことを学んだり、さらに進んでいくと新設される専門職大学等を含め、いろいろなカテゴリーの教育の場ができて、さまざまな単位を自由に取得できるようになると思います。

清水 大成建設の清水と申します。大空間の中で学生が好きな場所を選び、どこでも快適に勉強できるというのが望ましいと思いました。省エネの観点から、無駄なところは減らしていかなければなりません。快適な空間という観点で、空調以外でこういう環境だったらいいという点をうかがいたいと思います。

岩﨑 いろいろな場所を設けて、学生が自分の居心地の好い場所を選べるのは大事なことです。外の環境がわからない空間より窓があって外が見える空間のほうがよいと思います。さまざまな制約のなかで、自然換気ができて外が見える空間があってほしいですね。

若原 環境を選べることに加え、パーソナライズもできたらいいですね。オランダのThe Edgeというビルは世界で一番賢いビルといわれています。入居者向けのスマホアプリで、作業に適切な場所を探せるだけでなく、座った場所の空調や照明をパーソナライズする。腰を落ち着けた場所を自分らしくカスタマイズできるそうです。

仕掛けを検証し、発展させるシステム

腹子 ヒガノの腹子と申します。さまざまな観点に立った仕掛けや工夫をうかがいましたが、こうした取組みが本当に評価されるのは、実際にこの学びの場から卒業して社会に出ていった学生たちのその後の人生を見ていかないといけません。仮説をベースに仕掛けたものの検証はどうしているのか、またその反省をその後の建築設計にどう活かしているのかをおうかがいできますでしょうか？

岩﨑 検証の方法は二つ考えられます。これまで設計した建物ではそうした仮説の検証をしていませんでしたが、最近では、仕掛けが実際に使われているかどうかを写真に収めフィードバックしています。もう一つは、数値化して、思った通り使われているかどうかの検証です。定点観測など、人のアクティビティを計算できるところと組んで、検証していきたいですね (pp..44-47：東京理科大学アクティビティ調査)。

若原 働く場においても、座席や会議室の稼働状況などの検証はテクノロジーの導入で加速し始めている感があります。一方、そこから先にどういう成果が生まれているのかを測定することは実際なかなか難しく、これは学ぶ場でも同様なのではと想像します。場や仕掛けが使われるようになったかどうかという変容に加え、使う側のマインドセットが変わったかどうかがわかるような行動変容も合わせて追っていく必要があるのかもしれないですね。

※第2章：2017年5月15日開催の「これからのキャンパスを考える研究フォーラム」第2回をベースに再編

COLUMN

訪問日：2018年3月9日

視察レポート

上智大学四谷キャンパス 6号館ソフィアタワー

タカバンスタジオ　浅子佳英　Toshihide Asako

　少子高齢化や情報技術の発展など、現在、学修環境を取り巻く状況は大きな変化を迎えており、学校もその変化に対応して変わりつつある。このように変化する社会状況のなかで、現在、学ぶ場所はいかにして設計され得るだろうか。上智大学四谷キャンパスに誕生した「ソフィアタワー」を通じて考察したい。

日本の学校の変化

　日本の学校にとっての大きな変化の一つは、人口減少である。戦後急速に増え続けたこの国の総人口は、2008年の1億2,808万人をピークに減少し続けている。よくいわれるように、今後は学校間の熾烈な競争が待ち構えており、大学の都心回帰や複合型のキャンパスなどは、こうした時代の変化に対応しているといっていいだろう。

　「ソフィアタワー」もまさに、このような時代背景に対応した都心に建つ複合型の大学施設である。四谷の駅前という都心の一等地に、オフィスと大学施設の複合施設として建つ17階建てのこの建物は、低層部を大学、高層部をオフィスとした上で、国際会議などでも使用できるよう1階に大教室を設け、都市に開いた構成になっている。さらに、地面と繋がった1階、大階段とエスカレーターで繋がった2階、既存の校舎とブリッジで繋がった3階と複数のエントランスをもち、大学の校舎というよりもずっと都市的な印象を与えている。

多心的なアトリウム

　「ソフィアタワー」の内部は、他ではあまり経験したことのない独特の雰囲気をもった空間になっている。プラン自体は、中央にアトリウムを配し、その周囲に教室をぐるりと張り巡らせたシンプルな構成なのだが、先ほども述べたようにエントランスが複数の階にあり、各階の平面もすべて違うので、体験としてはより複雑だ。特に、向きを変えながら上昇するエスカレーターと、廊下の最奥に窓と階段を設けているのが効いている。通常ならより多くの教室を外周面に配置するので、これはとても贅沢なことだ。そして、これらの光がアトリウムを淡く照らすことで、訪れた人が下階から入ってくると、より上へ、より奥へと自然と回遊したくなるような仕掛けとなっている。

　ただ、このアトリウムの最大の特徴は「音」だろう。壁は、背面に吸音板を仕込んだ木製のルーバーで覆われており、静かな、それでいてざわざわとした不思議な音環境になっている。音楽ホールやスタジオ以外でここまでの音にこだわった仕様になっている例は珍しいが、これがとても効いている。

　視覚的には、このアトリウムは木製ルーバーという単一の素材で覆われた、天井高のある吹抜け空間なので、一見、中心性の強い教会のような印象を与える。しかしながら、前述のように各階のプランは異なっており、さらに最奥に光を蓄えた廊下（それは長い出窓のようなものだ）が周囲のさまざまな方向に伸びているので、実際には脱中心的な、いわば多心的な空間となっている。

静かなざわめき

　中心をもちながらも多心的という一見矛盾した構成は、それぞれの教室内では独立した授業が快適に行えるようにしたい、しかしながら共有部分は学生の多様な活動が活発に行われやすい空間にしたいという通常

アトリウム周辺でさまざまな活動が行われている様子　　廊下の先に窓を配しており、自然と動線が外へと誘導される

なら同時にかなえることは困難な部屋の性格を、音環境を設計することでどちらも切り捨てることなく、共存させている。

アトリウムや廊下の周辺には数人もしくは一人になれる場所がいくつも用意されており、実際に使用されている時間に再訪したが、一人で自習する人、グループワークをする人、友だち同士でお喋りする人などさまざまな人々の活動が同居しており、ざわざわとした、それでいて静かな、独特の雰囲気をつくり出していた。

また、廊下と教室との間はガラス張りになっているのだが、驚いたのは、多くの教室でドアを開放して授業を行っていたことだ。確かに、廊下にいると教室からはかすかに授業の内容が聞こえてくるが、気にはならない。聞けば、ガラスは基本的に教員からは見えない位置に設けてあり、講師は講義に集中できるようになっているとのこと。小さな工夫だが、「大きなガラスの壁でできた開放的な教室」というような単純なデザインに帰結することなく、場の性格をそのまま丁寧にデザインしているところは共通している。

情報技術の発展

さて、ソフィアタワーの視察を経て、現在の学ぶ場所の設計について考察するに当たり参考にしたいのが「ゲーム」である。というのも、現在の社会の変化といえば、なんといっても情報技術の発展以外にはない。そして、現代のゲームは、高度な情報技術によって設計された完全な人工環境であり、さらに、その人工環境の中で極めて多くの人間が遊ぶことを通じて、日々テストと淘汰を行っているとみなすことができるので、遊ぶ場所——これは後述するように学ぶ場所でもある——の設計について考察するのにこれほど適した例はないからだ。さらにいえば、近年、ゲームは本格的な研究の対象となりつつあり、今年（2018年）の6月にも『ゲンロン8 ゲームの時代』が出版されている。そして、この「ゲンロン8」に掲載されているゲーム研究者の井上明人による論考「ゲームはどのように社会の問題となるのか」では、ゲーム≒遊びが歴史的にどのように社会で捉えられていたのかを明らかにしており、まさに現代の学ぶ場所を「設計すること」について示唆を与えてくれる。

もう一つ補助線を引けば、情報技術が学修環境に直接に関係する例として、eラーニングが急速に増えていることが挙げられる。特に、受験予備校や資格学校などでは、映像授業をかなりの割合で取り入れている。ビデオ講義であれば、優秀な講師による講義をより多くの学生が日本全国で受けることができるので、1カ所に集まらなければならないという制約もなければ、時間による制約すらない。

もちろん、予備校や資格学校の目的は、効率的に成績を上げることであって、学ぶことの本質はそれだけではないという反論もあるだろう。しかしながら、成績を上げることそのものは当然悪くはない。批判する側にとって、学ぶことをまるでゲームのように扱われることが不真面目に映るのだろうが、ゲームを悪とする見方そのものが、実は普遍的なものではなく、社会の変化に伴い変化してきたのだということを上述の「ゲームはどのように社会の問題となるのか」では明らかにしているのだ。

遊び（ゲーム）と学び

論考の中で井上は、社会を大きく「狩猟採集社会」「農耕社会」「近代以後」「脱近代」の四つに分けた上で、「狩猟採集社会」においては、遊び（この論考の中ではゲームとほぼ同じものと定義している）が狩りや植物採集の訓練として機能しており、社会的な活動と遊びが分かち難い関係にあったにもかかわらず、続く「農耕社会」では、生産性を上げるために勤勉を尊いものとする価値観が浮上するとともに、遊びが本来の仕事を疎かにする、社会と対立的なものとして捉える見方が現れることを明らかにする。そう、ここにゲームを悪として捉える起源がある。

さらに「近代以後」では、幼児教育や余暇の導入というかたちで、遊びが再び社会に取り込まれるものの、それは教育のため、効率的に働かせるためといった社会に適応したかたちとなる。そして最後の「脱近代」では、遊びが適応するものになってしまったことを批判的に捉え、遊びの逸脱する機能にこそ価値を見い出す捉え方が現れる。

詳細は論文に譲るが、ここで重要なのは、近代では適応すること、脱近代では逸脱すること、という真逆の状態がゲームにおいてはともに肯定的に捉えられているということだ。そして、最後に井上は、「逸脱と適応が循環的に成立するプロセス」をつくることが、ゲームの設計においては重要なのだと結論づける。なぜなら適応的なプロセスしかない、あらかじめ決まったことしかできないゲームでは飽きてしまう。かといって逸脱的なプロセスしかない、既存のゲームを脱構築するようなゲームや、完全に何をやってもいいゲームというのも、自由な反面やりたいこともなくなってしまい、長く遊べるものにはなり得ないからだ。

学びの場の設計

この結論は、現代の学ぶ場所を設計することについて極めて具体的な解答を与えてくれる。狩猟時代の狩りと遊びの関係を見れば明らかなように、そもそも学びと遊びというのは切り離せない。遊んでいるときには人は同時に何かを学んでいる。そして「ソフィアタワー」に話を戻せば、教室という学ぶための適応的な場所と、多様な活動のできるアトリウムというある種の逸脱的な場所を切り分けることなく同居した状態をつくり出していることこそが、建築という長い時間遊べる＝学べる場所を設計する上で決定的に重要だろう。さらに、適応と逸脱についていえば、エスカレーターは何も考えなくとも自動的に上昇させられる、いわば適応的な移動装置である。しかし、その移動装置の配列を巧みにずらして重ね、さらに廊下の先に光と階段を配することで、ユーザーが新たなルートを発見できる、逸脱した動線を常に担保してもいる。

教える人と教えられる人。ある瞬間を見れば、両者は確かに違う。しかしながら、少しだけ長い時間軸で見れば、両者も簡単には切り離せない。そもそも教える人は最初からそうだったわけではなく、かつては教えられる側だった人間が学び、教える側になっただけだ。そこには循環するプロセスがある。さらに、一度教える側に立ったからといって、彼らから学ぶというプロセスが失われてしまえば、早晩その教えは陳腐化してしまうだろう。そして、教えられる側も一方的に教えられるだけでは飽きてしまう。だから、スキルが上がるにつれて、次々とやりたいことが現れるような、ときに学び、ときに教え、時に疑うといった逸脱と適応が循環するプロセスが必要になる。生徒が自主的な活動を行えることと、講師が集中して快適に講義が行えることが共存している場であること。

学生の主体性に任せた自由な場所というのは、一見素晴らしい学修環境のように見える。しかしながら、上述したように、たとえゲームであっても何をやってもいい状態というのはそう長く続かないのだ。

さらに、時間についていえば、大学まで学びの時間で、その後は就労の時間というように現在では両者を切り分けてしまっているが、働きながら学び、学びがそのまま仕事になるという循環をつくり出すことが今後は重要になってくるだろう。ソフィアタワーでは上階にオフィスを設けていたが、リサーチを大学とオフィスと共同で行ったり、時間ごとに会議室を共有するなど、大学とオフィスとの連携はもっとあってもいい。

現在ある仕事の一部はAIが受け持つような未来が、すぐそこまでやって来ている。学びをゲームのように扱うこと。これはもはや不真面目でもなんでもなく、必然であり、現在の学ぶ場所は（よくできた）ゲームのように設計すべきなのである。

コペンハーゲンIT大学

第3章
大学の枠組みを超えた オープンイノベーションとは?

時間軸から読み取る産学連携の展開

　国の施策により、大学での研究内容をもっと外に向けて発信すること、企業と連携することが推し進められ、今までにないイノベーションが強化されてきました。

　その結果この40年の期間で、国からの助成金やそれを受けた研究論文の数が格段に増えてきています。

　多くの大学では、このイノベーションのための拠点を増やし、学部間連携や企業連環を着実に図り、知のネットワークを広げ、成果を上げています。

　一つの研究開発を行う場合でも、大学内の複数の学部がかかわり横断的な研究技術を連携し、数十社を超える多くの企業との連環によって、最新技術の開発や技術提供を受けて成果を上げている事例もあります。さらには、実践での実測値で得た収集データを、大学研究室や企業にフィードバックして、次なる技術開発に向けた基礎データとし、研究内容をスパイラルアップしている事例もあります。

　第3章では、これら、オープンイノベーションを図る実践的な取組みや、海外キャンパスでのイノベーションをサポートするための建築的な仕掛けについてご紹介します。

1991〜2017年にわたる企業との協働：東海大学

太陽電池
パナソニック
シャープ

バッテリー
パナソニック
古河電池

タイヤ
ブリヂストン
ミシュラン

ボディ
東レ
東レ・カーボンマジック
童夢カーボンマジック
GHクラフト
ソフトウェアクレイドル
日本マイクロソフト
ビジュアルテクノロジー
ダッソー・システムズ

キャノピー
植木プラスチック

モーター
ミツバ
日本ケミコン
JTEKT

衛星技術
日本デジコム
CREST
チームTEEDDA

ブレーキ・サスペンション
KYBモーターサイクルサスペンション
石塚工業
サンスター技研
プロジェクト・ミュー
和光ケミカル

MPPT
産総研
小山高専
三島木電子
柏会

※MPPT：Maximum Power Point Tracker
（最大電力点追従回路）の略

- **理学部数学科／情報理工学部情報科学科**：日射量推定マップの運航計画
- **チャレンジセンター**：全体オーガナイズによるプロジェクト推進
- **工学部電気電子工学科**：パワーエレクトロニクス 計測・制御
- **工学部航空宇宙学科**：熱流体解析によるボディデザイン

取材協力：東海大学チャレンジセンター　木村英樹教授（電気電子工学科）＋
チャレンジセンター　ライトパワープロジェクト　ソーラーカープロジェクト　ソーラーカーチーム　武藤創

上記以外の2017年度協賛・協力企業および団体：日野自動車（株）（東京都）、飯田通商（株）（東京都）、九重電気（株）（神奈川県）、（株）三協（神奈川県）、（株）ソーアップ（神奈川県）、東海教育産業（株）（神奈川県）、トヨタ自動車（株）（愛知県）、人気酒造（株）（福島県）、（有）沼田製作所（神奈川県）、（株）パトライト（大阪府）、ベクター・ジャパン（株）（東京都）、Lapp Japan（株）（東京都）

〜1989

● キャンパス
① 慶應義塾大学三田キャンパス (1871)
② 慶應義塾大学日吉キャンパス (1934)
③ 慶應義塾大学信濃町キャンパス (1919)
④ 慶應義塾大学湘南藤沢キャンパス/SFC (1990)
⑤ 芝共立キャンパス (2008 薬学部)

■ タウンキャンパス・シティーキャンパス
① 鶴岡タウンキャンパス/TTCK (2001)
② 新川崎タウンキャンパス/K^2 (2000)
③ 丸の内シティキャンパス/MCC (2001)
④ 殿町タウンキャンパス (2016)
⑤ 慶應大阪シティキャンパス/KOCC (2013)

● 共同研究拠点
① グローバルリサーチインスティテュート/KGRI
　 (2016、GSEC (2004) を改組)
② 総合医科学研究センター/CIMR (2001)
③ メディアデザイン研究所/KMD研究所 (2008)
④ システムデザイン・マネジメント研究所/SDM研究所 (2008)
⑤ デジタルメディア・コンテンツ統合研究センター/DMC
　 (2010、DMC統合研究機構 (2004) を改組)
⑥ 医学化学イノベーションセンター/JKiC (2017)

グラフ＝大学発ベンチャー企業の数（資料提供：野村総合研究所）

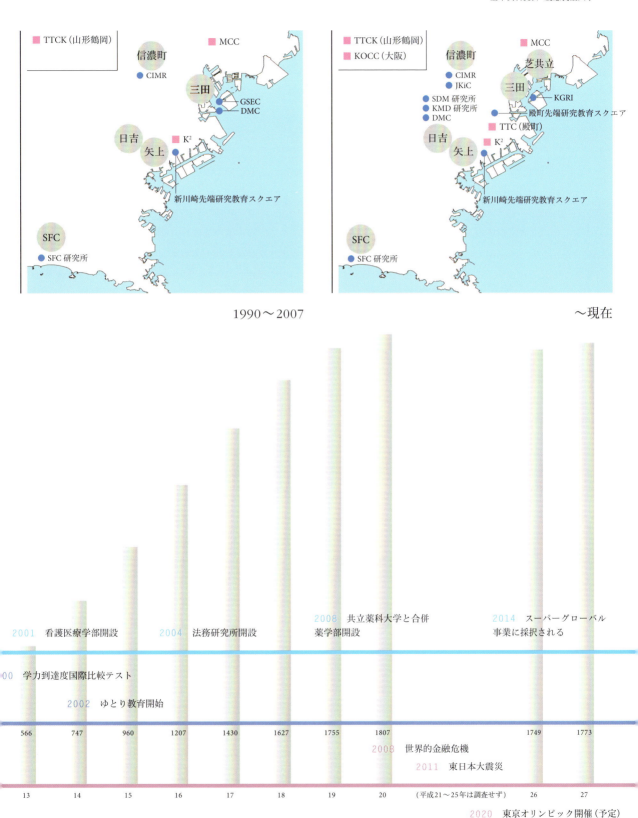

LECTURE 1

オープンイノベーションに向けた空間からの発信

日建設計 設計部長 **岩﨑克也** Katsuya Iwasaki

　ここでは「大学の枠組みを超えたオープンイノベーション」というテーマで考えます。オープンイノベーションとは、ヘンリー・チェスブロウ氏（ハーバード・ビジネス・スクール）によって提唱された考え方です。企業はイノベーションのために社内に限定して資源を求めるのではなく、他企業や大学との連携を積極的に行うことが有効だというものです。現在では他の企業や大学と技術提携を行ったり外部のアイデアを採り入れたりするなど、社外との連携、つまりオープンイノベーションを積極的に推進する企業が増えています。また、産学（官）連携に関しては、日本では1995年に「科学技術基本法」、1998年に「大学等技術移転促進法」が制定され、大学と民間企業が連携するための活動を国が支援する動きがスタートしました。その後、1999年に「産業活力再生特別措置法」、2004年に「国立大学法人法」、2006年に「新教育基本法」が制定され、研究成果を社会へ還元することが大学の使命の一つとして示されました。これにより産学（官）連携が本格的に活性化することになりました。

　こうした背景のなかで研究活動を行う大学や企業にとって、新しいアイデアのきっかけを生み出す「イノベーションのための空間」が、現在とても大切になっています。自由な発想と活発なコラボレーションを生むためには、それに適した「スペース」は大変重要です。そこで行われるプロジェクト、研究の性格や規模、進捗の状況に応じてそのスペースは進化する必要があります。

　ここでは企業と連携し、研究成果を上げるオープンイノベーションのためのキャンパス空間について、大きく二つのテーマから四つの成功事例をご紹介します。

企業と連携しやすい環境をつくる

　一つ目のテーマは「企業と連携しやすい環境の強化」です。企業と大学がお互い手の届く関係をつくっていくことはとても重要です。企業のニーズのある所に大学キャンパスを置く。もしくはこれからご紹介するUCLAの「スープラスタジオ」やMITのように、大学の近くに企業が集まるということが理想的です。

　企業と大学との距離を縮めるのに大切なことは「立地」「研究費の獲得、研究対象」「研究成果のパブリッシュメント」の3点に整理することができます。

1. UCLAスープラスタジオ

　UCLAから10kmほど離れた所に位置するこのキャンパスは、飛行機の倉庫をスタジオに改修したものです（写真1）。異分野間の協働の場となることを目的としたこのスタジオの周辺には、Googleをはじめとする多くのIT企業が集まっています。飛行機の倉庫だったスタジオそのものはがらんどうの大空間ですが、内部は利用者がケースに応じて間仕切りを設けて使っています（写真2, 3）。

　大空間は研究ごとに簡易な間仕切りによってラフに仕切られており（写真4）、学生のプレゼンテーションやクリティックに使われています（写真5, 6）。またと

1. UCLAスープラスタジオ（2010年改修）

1 港湾地区にある航空機格納庫を改修したキャンパスの外観 | 2,3 内部の大空間。共用スペースには模型や成果物が展示されている | 4 簡易な間仕切りで仕切られた研究室 | 5 工房にはさまざまな工具が取り揃えられている | 6 クリティックの様子

きにはその仕切りを取り払い、大きさを活かしたプレゼンテーションやパーティー、企業との研究成果をPRする場にもなります。

他にもこのキャンパスではそれぞれの活動内容を大学のホームページから動画で発信することで、研究費獲得のために協働する企業や優秀な学生を確保することにも力を入れています。

これは高度な研究を求めている企業の近くに立地するキャンパスが、自らの研究成果を発信することで企業との連携を図っている事例です。

2. スタンフォード大学「dスクール」

「dスクール」はスタンフォード大学のキャンパス中央に位置し、大学院あるいはそれを修了した学生が勉強する特別な建物です。ここは大学から必要な場所が与えられなかったため、普通の2倍の大きさのトレーラーハウスからスタートしたそうです（写真8 p.94）。

この「dスクール」では、スペースの文法を四つに分解しています。それは「プレイス」「プロパティ」「アクション」「アティテュード（態度）」という四つのデザインテンプレートです（図7 p.94）。「プレイス」とはスペースの中で特定な役割を果たす部分。「プロパテ

ィ」は人間の行動に影響を与えるように強化・調整ができる部分。「アクション」とは行動やタスク。「アティテュード(態度)」は文化的価値観の傾向を示します。

中でも建築空間と直接かかわる「プレイス」は"ホーム""ギャザリングスペース""境界/移行部""サポート設備"という四つに小分類化されています(図13、p.95)。一つ一つは紹介しませんが、これら文法を理解して活用することが、イノベーションのためには必要であると「dスクール」ディレクターのスコット・ドーリー&スコット・ウイットフト は著書『make space』の中で示唆しています。

「dスクール」は、エントランスを入ると学生の顔写真が貼られているなど(写真9,10)、インフォーマルでラフな空間が連続しています(境界/移行部)。建物の中央にはかつて中庭だった場所にガラス屋根をかけた吹抜け空間があり(写真11)、ここで学生たちがさまざまな議論をしています(ギャザリングスペース)。学生たちはさまざまな場所で集まり、議論やレクチャー、企業と連携したプレゼンテーションなどが行われています(ホーム、ギャザリングスペース、境界/移行部)。ここでは主に企業が大学に資金を提供して、その資金によって研究成果をアウトプットすることが行われており、さまざまな人がこの建物に出入りしています。

また、ものづくりをしながら思考ができるように、キャンパス内に工房があります(サポート設備 写真14,15)。可動のパーティションを使って空間を設えられるようになっている(写真16)など、物が自由に動かせて、それぞれの使い方に合わせて使い分けができ

2. スタンフォード大学 dスクール (2003年)

デザインテンプレート(図7)

places プレイス
プレイスとは、スペースの中で特定の役割を果たす部分(例:すべてのスペースには出入口・開口部などの「境界」、廊下のような「移行部」がある)。

propertie プロパティ
プロパティとは、人間やスペースがもつさまざまな側面のなかで、人の行動に影響を与えるよう強化や調整などが行える部分(例:椅子の配置を変えるだけで、人の姿勢や体の向きを劇的に変えられる。照明、感触、音、香り、色彩の活用で人の気分を高揚させられる)。

actions アクション
アクションとは、人の行動やタスクのこと(例:デザイナーのアクションとして、作業スペースをアイデアや工作品で視覚的に満たそうとする傾向がある)。

attitudes アティテュード(態度)
態度とは、文化的価値観や文化的傾向のこと(例:「アクション志向」はdスクールの中核的価値観である)。

8 「dスクール」創設当時に使われていたトレーラーが、アイコンとして今も保存されている(「dスクール」は2003年にトレーラーハウスからスタートした) | 9,10 学内には「dスクール」に登録している学生の顔写真が壁一面に貼られている | 11 「dスクール」の建物内観

るのがこの「dスクール」の特徴です。たとえば、椅子やホワイトボードを動かしてバリエーション豊富な空間をラフにつくり、いろいろな活動が行われています。間仕切り空間を自分たちで動かして、自分たちでイノベーションの場をつくることにかかわっています（ホーム　写真17, 18）。

他分野との出会いによって新たな発想を生み出す

二つ目のテーマは、「他分野との偶発的な発想を生み出す場」です。イノベーションとは、複数のアイデアが混ざり合って生まれるものです。一つのチームでは生まれなかったアイデアが、複数の複眼的なレイヤーを重ねることで、より新しいアイデアへと変化していくことでもあります。このようなイノベーションを生み出すためには、アイデアを繋ぐ、混ぜ合わせる空間のつくり方が非常に大切となります。

具体的には、なるべく開放的につくり、空間をつくり込みすぎないこと。そして一体的、連続的な空間の見通しをつくること。次に、交わる結節点は計算して

12　築100年の建物を改修した「dスクール」の外観

デザインテンプレート　places（プレイス）（図13）

home base
ホーム
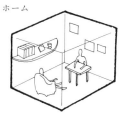

gathering spaces
ギャザリングスペース

thresholds / transitions
境界／移行部
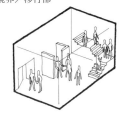

support structure
サポート設備
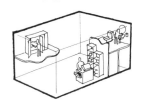

14, 15　アイデアを形にするためにさまざまな工具が置かれたプロトタイピングルーム　｜　16　大空間は可動間仕切りによって仕切ることが可能　｜　17, 18 すべての家具は動かせるようになっており、空間が簡単にセッティング可能

意図的につくり、偶発のコミュニケーションを促すこと。そして、重要なのは家具の可変性です。

これらの効果と大切さを理解した上で、建築のハードを考え、空間化することが重要になります。

3.MITメディアラボ

ここは六つのラボと一つの共用作業スペースからできていて、各ラボは2層吹抜けの空間になっています。主に外部からの寄附によって講座と学術的な研究が行われています。スポンサー企業の出資によって運営されているため、学費はすべて無料だそうです。

建物はすべてを透明にするというコンセプトのもと、人と人が出会う空間づくりが心がけられており、また研究上のコラボレーションや学部を越えた交流を重視して、ラボはガラス張りが基本構成となっています。このラボユニットを中心として各研究室があり、建物の中心には共用ラボになるアトリウム(写真20)が設置されています。

1階のエントランス部分には各研究内容を紹介する展示空間があり、ここで開発されたロボットも置かれています。中心のアトリウムは、各研究室がどのような活動をしているのか見えるように、アトリウムに面したすべてのラボはガラス張りになっています。

企業向けのレセプションやデモが開催される最上階は、研究内容を外部に発信し、企業から研究資金を調達するためのプレゼンテーションの場として使われています(写真22,23)。

一つのラボには2〜3チームが同居しており、チームは教授・院生6人・アシスタント10人程度から構成されています。また、各ラボはメゾネットの構成になっており、斜め下を見下ろすと、他のラボが見える計画となっています(写真21)。

また他のラボを見ながら自分のラボに行く動線計画とすることで、インフォーマルなコミュニケーションを生む仕掛けをつくっています。

セキュリティは各研究室でしっかりと確保した上で、可能な情報も開示しながら「見る・見られる」の関係をつくり、お互いのラボが刺激し合う理想的な研究施設といえます。

4.コーネル大学

コーネル大学は学生数13,300人、院生5,600人が学

3. MITメディアラボ（2009年）

19 建物の外観 | 20 常にイベントが行われている1階のアトリウム | 21 ラボの内観。Think Boxと呼ばれる高い天井は「大きく考える」ということに由来 | 22,23 6階にはレセプションホールやレクチャールームが配置されている

ぶ、アイビーリーグの名門カレッジです。この建物では、研究者同士のコラボレーションや各学部の学生間のコラボレーションを考えた空間のつくり方がなされています。イサカ市の景観条例で目立たない建築景観が求められていて、新しい建物は、古い建物と古い建物を繋ぐ建築空間として建てられています（写真24）。ここはすべて寄附金でまかなわれており、維持管理だけを大学が負担する事業スキームになっています。

インフォーマルなコミュニケーションや偶発的な出会いをキーワードに建物の設計がなされています。

建築計画的には2枚のプレートから構成されており、アッパープレートはガラスの箱でスタジオ（写真25）、ロウアープレートはドームとアトリウムからなっていて、上で学んだものを下で発表するという空間構成になっています（写真27）。

アッパープレートには三つの空間があり、交流のための空間（写真26）、建築とアート領域の空間、1年生から大学院生までの空間から構成されています。平面的なマトリックスの中でのコモンと集いの場、Shopとの往き来や、水平垂直動線の絡みから、インフォーマルなコミュニケーションを促しています。アッパープレートはフレキシビリティを求めるため、フラットなつくりをしています。ここでいうフラットというのは多様という意味で、物理的、そして教育的にもイノベーティブな学びやコラボレーションを受け止める場所として機能しています。

ロウアープレートは学生間の発表や外部から企業を呼び込み、自分たちの研究内容をプレゼンテーションする空間です。またドーム空間は、研究活動のクリティックや展示のインスタレーションをする空間となっています。

ご紹介した「企業と連携しやすい環境の強化」、そして「他分野との偶発的な発想を生み出す場」。この二つのテーマが、大学の枠組みを超えたオープンイノベーションにとって重要なポイントとなると考えます。

特に二つ目の場所づくりでは、dスクールディレクターがいう「プレイス」「プロパティ」「アクション」「アティテュード（態度）」という四つのデザインテンプレートを活用することが、イノベーションのための空間づくりにおける一つの方向性を示しています。

4. コーネル大学（2011年）

24 建物外観 | 25 アッパープレートのスタジオ内観 | 26 ロウアープレートとアッパープレートが繋がる吹抜け | 27 アッパープレートのスタジオの間に設けられた交流スペース「セントラルバンド」

慶應義塾の共同研究施設とタウンキャンパスの展開

慶應義塾 管財部 部長 **繁森 隆** Takashi Shigemori

　私の所属する慶應義塾の管財部は、大学の財産を管理する部署で、私は主に施設の建設や維持管理を担当してきました。現在は守備範囲が少し広くなり、施設だけでなく大学の資産全体のことにかかわるようになっています。ここでは大学全体の視点から、慶應義塾におけるオープンイノベーションの取組みとそれに関連する施設についてご紹介します。

　どこの大学もそうだと思いますが、慶應義塾も「オープンイノベーション」という言葉が出てくる前から、いわゆる「産学連携」あるいはもっと昔から使われている言葉では「共同研究」というかたちで企業をはじめとする大学外の組織との連携に取り組んできました。1990年代にバブル経済がはじけて以降、欧米と競争力の差が目立つようになると国策としてさまざまなことが整備されていきました。

　その流れのなかで慶應義塾も1998年に知的資産センター（TLO）という技術移転機関を設置して、産官学の連携に取り組み始めました。その後、それをさらに発展させるために他の大学や民間企業との共同研究に対応しやすい組織や施設を整備しようという流れができています。

　またそれ以外に、もう一つの流れとしてタウンキャンパスの設置というものがあります。これは自治体などとの連携によって設置するキャンパスで、ここでは地元企業とのコラボレーションなどが展開されます。

　この大きな二つの流れに沿って、慶應義塾は現在まで産官学の連携に取り組んできました。この二つの流れについて、それぞれ事例を交えながらご説明いたします。

慶應の共同研究組織

　一つ目の共同研究を行いやすい研究組織については、上述の流れのなかで「慶應グローバルリサーチインスティテュート（以下KGRI）」「総合医科学研究センター（以下CIMR）」「デジタルメディア・コンテンツ統合研究センター（以下DMC）」「医学化学イノベーションセンター（以下JKiC）」等の共同研究組織が設置されており、それぞれの組織の中でさまざまな共同研究が展開されています。

　KGRIは実学によって地球社会の持続可能性を高めることを実現する拠点として、学内の関連する教育研究分野と密接に連携しながら「長寿」「安全」「創造」の三つのクラスターにおいて文理融合研究や領域横断研究を推進し、その成果を広く国際的に発信することを目的とした組織です（写真1, 2）。

　ここで次代を担う研究者を育成・輩出し、成果を国内外と共有することで、社会の発展に寄与することを目指しています。

　CIMRは生命医科学に関する融合研究を行う組織です。総合医科学研究棟という建物が信濃町の医学部のキャンパスにあるのですが、そこで活動を展開しています（写真3）。この建物内には「リサーチパーク」と呼ばれる施設があり、ここで企業との共同研究や公的プロジェクトによる研究が展開されています。

慶應義塾の共同研究組織

1, 2 慶應グローバルリサーチインスティテュート（KGRI）。世界に貢献する国際研究大学となるための基盤として、既存組織を改組して、2016年に三田キャンパス内に設置 ｜ 3 総合医科学研究センター（CIMR）。生命医科学の高度な研究成果を広く社会に還元することを目的として、慶應義塾大学医学部・大学院医学研究科に附属する研究センターとして2001年に設立

　慶應義塾は90年代に、世界に48冊しか現存しない最古の活版印刷物であるグーテンベルク聖書の1冊を購入しました。このような貴重な資料は直接触ると傷みますので、それをデジタルデータ化して展示したり研究に活用したりしようということから文化財のデジタルデータ化の研究がスタートしました。DMCはその流れを汲むデジタルメディア・コンテンツに関する研究教育活動の拠点で、慶應義塾の総合力を活用した人文科学、社会科学、理工学、医学などの融合による新しい知の創造と流通の国際的先導を実現し、新たな産業、教育、文化、芸術分野等の創出に貢献しています。

　JKiCは最近できた組織で、後ほど詳しくご説明いたします。

慶應のタウンキャンパスとシティキャンパス

　先ほど述べた通り、タウンキャンパスは自治体などとの連携によって設置されたもので、通常の大学キャンパスとは異なり地域との連携をベースとした研究開発を行っています。

　慶應義塾にはこのタウンキャンパスの他に、地域の生涯教育や交流の拠点と位置づけるシティキャンパスというものもあります。

　まず、タウンキャンパス三つをご紹介いたします。

慶應義塾のタウンキャンパスとシティキャンパス

4 新川崎タウンキャンパス（K² / 2000年）
5 鶴岡タウンキャンパス（TTCK / 2001年）
6 殿町タウンキャンパス（2016年）
7 大阪シティキャンパス（KOCC / 2013年）

最初は「新川崎タウンキャンパス（K²）」です。JR新川崎駅の近くにあり、川崎市との間で協定を結んで設置したもので、市が施設をつくり慶應義塾がそれを賃借して運営されています（写真4）。2000年に設立して17年になりますが、産学官連携の拠点として最先端の研究を推進し、新産業や新事業の振興、社会や地域への貢献を柱とする複数の事業を展開しています。ここには隣接して「かわさき新産業創造センター」や、また東京大学、東京工業大学、そして早稲田大学と共同運営をしている「4大学ナノ・マイクロファブリケーションコンソーシアム」という施設があり、こういった組織と協調しながら活動しています。

次は「鶴岡タウンキャンパス（TTCK）」です。これは山形県鶴岡市に2001年に設立されたキャンパスで、県および庄内地域の市町村と協定を結び、連携しながら運営されています（写真5）。ここには「先端生命科学研究所」があり、ベンチャー企業の設立などの実績を上げています。

三つ目は「殿町タウンキャンパス」です（写真6）。最近できたこのキャンパスについては後ほど詳しく説明します。

シティキャンパスは、二つ紹介いたします。一つ目は東京駅前の丸ビルの隣にあるビルに入っている「丸の内キャンパス（MCC）」です。こちらは慶應義塾の子会社が運営しているもので、生涯教育のために学内だけでなく学外からも人を招いて、主に社会人を対象としたセミナーや研修を行っています。

次は「大阪シティキャンパス（KOCC）」です。大阪は慶應義塾の創設者である福澤諭吉の生まれた街です。この大阪に慶應義塾の拠点をつくるということで2008年に開設しました。当初は堂島にありましたが、2013年に梅田で開発されたグランフロント大阪内のナレッジキャピタルという施設に移転して、現在活動を展開しています（写真7）。ここにはセミナー室や研究室などがあり、さまざまな講座の開講、慶應義塾を実感できる情報の発信の場として、さらには社会・地域との連携、在学生、卒業生、教職員のネットワークの拠点として位置づけられています。

国際戦略拠点の立地を活かした殿町タウンキャンパス

最新の事例二つについて、少し詳しくご紹介します。

「殿町タウンキャンパス」は川崎市の殿町という羽田空港と多摩川を挟んだ対岸の場所にあり、殿町国際戦略拠点キングスカイフロントというオープンイノベーション拠点の中に位置しています（写真8）。キングスカイフロントは国家戦略特区に指定されており、医療関係のビジネス環境の整備によって革新的な新規ビジネスモデルの確立に向けた規制緩和等が受けられます。また国際戦略総合特区にも指定されており、各種の規制緩和や税制面などでの優遇措置が受けられます。この「殿町タウンキャンパス」を含むキングスカイフロント周辺エリアは「Tonomachiリサーチコンプレックス」として、企業および研究機関等との連携・協力による「長寿」クラスターの研究や、科学技術振興機構リサーチコンプレックス推進プログラムを活用したウェルビーイング研究などを行う拠点となっています。

これは慶應義塾が中心となり、自治体として川崎市、神奈川県、横浜市、大田区、大学として東京大学、東京工業大学、横浜市立大学、企業として富士フイルムやCYBERDYNEなどが参加して、超高齢社会の課題に向き合い、魅力的で豊かな生活を実現させるための知見とサービスを生み出すことを目標とした活動を展開しています。

医療ニーズに応える医工連携施設JKiC

最後に、「医学化学イノベーションセンター（JKiC）」をご紹介します。これは慶應の医学部と化学素材メーカーであるJSR（株）が連携して共同研究を行う施設です（写真9）。健康長寿社会を支える新たな診断・治療技術や医療支援技術の確立、そしてその技術の普及に繋がる新しい材料の開発にかかわる研究を行っています。医学部が外部の企業と連携するというと通常は製薬会社が多いのですが、化学素材メーカーであるJSRと共同研究する、こうしたコラボレーションは世界初ということです。一例を挙げると、3Dプリンタで患者の臓器を再現し、実際の手術前にシミュレーションを行うなどの研究が行われています。

一般に外部企業との共同研究はレンタルラボのような所で、期間限定で行われることが多いのですが、これはキャンパス内に研究施設を建設し、大学とJSR双方の研究者がそこに常駐して一緒に研究するもので、カルチャーの違いを超えて一緒に行う研究活動の効果は非常に大きいと期待されます。この施設はまだ完成したばかりですが、ここで展開される活動は、本章のテーマであるオープンイノベーションという理念にかなり近いことができるのではないかと期待しております。

殿町タウンキャンパス

8　2016年に国際戦略拠点の立地を活かしてイノベーションを創出するキャンパスとして、キングスカイフロント内に開設

医学化学イノベーションセンター（JKiC）

9　慶應義塾大学医学部と慶應義塾大学病院が、高度な素材と化学製品を開発しているJSRと共同研究するために開設

大学博物館の実践型研究と
産学協働の可能性

東京大学総合研究博物館 特任教授　洪　恒夫　Tsuneo Ko

　私は空間デザインを手がける丹青社に30年ほど勤めていますが、2002年から東京大学総合研究博物館（UMUT / The University Museum, The University of Tokyo）にも兼任で勤めるようになりました。そのきっかけというのが、そもそも東大の博物館が学術研究だけでなく博物館のあり方や展示の可能性、そしてデザインなども研究の対象にしようということで、ミュージアム・テクノロジー寄附研究部門というものを創ったことです。これは企業の寄附によって成立させるものでしたので、私が在籍している丹青社がこの寄附者となり、産学連携事業として始まりました。ここには展示、建築、デジタル技術の専門家が集い、博物館の展示について学者の方と一緒に考えたり、ミュージアムの新しい可能性を探るというような研究を行っています。私自身は、主に博物館や博覧会、企業ミュージアムといった業務を専門にしており、展示という軸足で活動をしております。

　東京大学総合研究博物館は、1996年に前身の組織から改組されるかたちで、国立大学初の博物館として発足しました。学術標本を研究しつつ、社会にも公開するという活動を行っています。2002年のミュージアム・テクノロジー寄附研究部門が設立される以前は、学術研究の先生方が主に活動していましたが、同部門の設立以後は展示の見せ方や博物館のあり方に関する研究が始まりました。私は着任後、それまで学術研究の各先生方が自前で展示方法を考えていたのを、「実験展示」と称して私と協働で考えて、新しくてわかりやすく、インパクトをもって社会に対して学術の研究成果を発信していこうという活動を始めました。

　東京大学総合研究博物館は東京の本郷にありますが、この場所でこれまで物理学のニュートリノから始まり、植物学、鉱物学、文化史、自然史など幅広い分野にわたる展示を、各分野の専門の先生と協働しながら、年2回くらいのペースで合計25回ほど手がけてきました（写真1～5）。

既成概念にとらわれない
ミュージアムスタイルの追求

　このような展示空間デザインの次のステップとして行ったのが、これまでの概念にとらわれない新しいミュージアムスタイルを追求しようということ。そもそも博物館は人がなかなか来てくれないケースも多々あります。博物館にあふれているとても面白いものをどうしたら社会に広めることができるのか。その一つの可能性として、私はモバイルミュージアムというものを考案しました。これは携帯電話がモバイルフォンと呼ばれるように、紐付きの固定ではなく、どこに行ってもミュージアムを体験できるスタイルはないだろうかと考えたものです。これまでのミュージアムは、ストック（収蔵）から構成した展示に人が来てくれるのを待つというスタイルでしたが、ストックを使って小さな展示ユニットをつくり、それを外にもち出す。それにより街で偶然面白いものに遭遇するという試みを、実験的に始めました。

東京大学総合研究博物館(UMUT)

1 東京大学本郷キャンパス内に設置されている東京大学総合研究博物館(UMUT)

東京大学総合研究博物館における実験展示

2 小柴昌俊先生ノーベル賞受賞記念ニュートリノ展(2003年) | 3 PROPAGANDA 1904-45 新聞紙新聞誌新聞史(2004年) | 4 遺丘と女神 メソポタミア原始農村の黎明期展(2005年) | 5 アルケオメトリア展(2011年)

　具体的にはオフィスのエントランスホールに小さな展示ケースを設置して、ここにビジネスで打合せに来られる方々が東大の標本に偶然遭遇するという状況をつくりました(写真6)。この結果、来客にこの会社の社員が標本の説明をするという面白いコミュニケーションも生まれるようになったと聞いております。

　仕掛けとしては東大の標本を入れる小さな標本ケースを三つ、中型の標本ケースを一つ用意しました。これをこのビル以外の他の場所でも展開することで、それぞれの企画を巡回させられるのではないかと構想しました。しかし継続可能な展開が難しく、では同じような互換性を備えたフォーマットが何かないだろうかと考えた結果が次のスクールモバイルミュージアムという取組みです。

　モバイルミュージアムの考えを踏襲しながら、展開する場所として少子化で生まれた学校の空き教室を利用しようというものです。学校の教室は文科省の規定でそのサイズや設備がほぼ決まっています。この互換性の非常に高い部屋がいくつかあれば、展覧会の小さなユニットを玉突きで回せるのではないかと考えました。実際に文京区の湯島小学校で火星に関する展示を行いました(写真7)。東大の最先端の研究を小学校の中でやるというこの試みですが、展示の一部は学校の先生と一緒になって製作しました。これはその後、い

モバイルミュージアム

6 資料を移動させ、その場をミュージアムにするという逆転の発想により生まれた研究プロジェクト

スクールモバイルミュージアム

7 モバイルミュージアムの考えを踏襲しながら、もち出すものを資料から展覧会に拡大し、学校の空き教室を利用したプロジェクト

くつかの学校でも展開しています。

　このように博物館を外にもち出すモバイルミュージアムの最も巨大なものが、東京駅丸の内南口前に建つJPタワーに常設されている学術文化総合ミュージアム「インターメディアテク」です。JPタワーは吉田鉄郎が設計した旧中央郵便局を外壁保存し、複合施設として増築・改修した建物で、インターメディアテクはその2階と3階部分に約2,000㎡の展示スペースをもつものです。名称は各種の表現メディアを架橋することで新しい文化の創造に繋げる「間メディア実験館」に由来します。

　これは日本郵便の不動産で東大がミュージアム事業を行うという実験プロジェクトで、東大がJPタワーの床の一部を借りて、そこに標本をもち込み、事務所を構えて学芸活動も行っています（写真8〜11）。日本郵便と東大が産学連携を取りながらそこで事業化していくというスキームです。

　この施設は、東大がミュージアムテクノロジーの研究の一環として大学博物館のリソースとアイデアを提供し、外部企業とベネフィットを共有するかたちで実現された一例だといえます。

博物館の魅力を引き出すミドルヤード

　次は、博物館の魅力をより引き出すためにはどうしたらよいか、という試みです。私は、博物館の機能を考えたときに、公開スペースをフロントヤード、非公開スペースをバックヤードとすると、その中間領域というものが存在するのではないかと考えました。そしてミドルヤードと名づけたこの空間を博物館の魅力として前面に出していく可能性はないだろうかと思いました。

　これに近い試みは海外でも実践されており、私のイメージに近かったイギリスのダーウィンセンターという施設などもリサーチしながら、ミドルヤードとして

JPタワー学術文化総合ミュージアム「インターメディアテク」

8,9,10,11　インターメディアテクは、東京大学が1877年の開学以来蓄積してきた学術標本や研究資料など、「学術文化財」と呼ばれるものを常設展示する。またこの常設展示の世界観と融合しながら、大学における最先端科学の成果や各種表現メディアにおけるユニークな創造を特別展示やイベントとして展開している

事業主：日本郵便（株）
空間・展示デザイン：UMUT works

長野市戸隠化石博物館

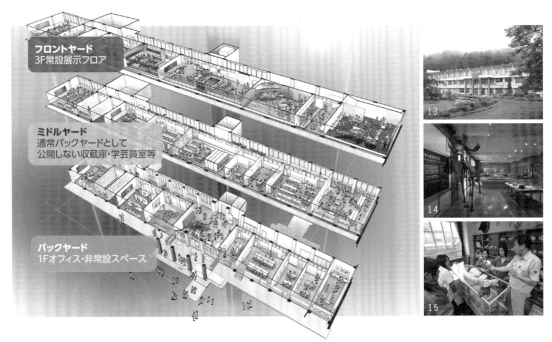

12,13,14,15 廃校となった小学校を改修し、ミドルヤード導入のミュージアムとして再生した「長野市戸隠化石博物館」

は、収蔵庫の公開や見学を行うオープンラボ機能、コレクションを用いた実践学修を行うワークショップ機能、学芸活動を公開するキュレーティング公開機能、学術文化の相談を行うレファレンス機能、そして資料を活用した学修を行うライブラリ機能等が面白いのではないかと考えるようになりました。

そのようなときに、長野市が廃校になった小学校を自然史博物館として活用したいと東大に相談にみえたので、そこでミドルヤードを活かした展示がつくれないかと考えました。それが「長野市戸隠化石博物館」です。ここでは地元戸隠の自然史をフロントヤード、事務室や館長室等をバックヤード、そして通常はバックヤードとして公開しない収蔵庫や学芸員室等をミドルヤードとして見せる展示を考えました。廃校ということで理科教室で化石のクリーニングをしたり、収蔵庫の中で先生からいろいろなことが聞けたりする仕掛けをつくりました（写真12〜15）。

ミドルヤードを深化させた取組み

さらに別のかたちの産学連携として、「宇宙ミュージアムTeNQ（テンキュー）」をご紹介します。これは東京ドームに宇宙ミュージアムをつくるという構想のなかで、東大の最先端の宇宙研究をここにもち込めないかと相談に来られたのがきっかけとなったプロジェクトです。ここでは東大の研究室をガラス張りの部屋として埋め込むという試みを行いました（写真16）。TeNQは、はじめに映像体感シアターがあるのですが、その次のサイエンスエリアに東大の太陽系博物学の先生の研究室分室をガラス張りで設けています。この研

宇宙ミュージアムTeNQ（テンキュー）

16 「サイエンスエリア」ミドルヤードをさらに深化させ、実際の研究現場そのものの公開を集客施設の中に導入したプロジェクト　　　　事業主：(株)東京ドーム

UMUTオープンラボ

17,18,19,20,21 戸隠化石博物館や宇宙ミュージアムTeNQなどの経験をベースとして、東京大学総合研究博物館が、自館を「展示型収蔵」という新しい考え方に沿ってリニューアルしたUMUTオープンラボ

究室では探査機から送られてくる情報の解析などを行っているのですが、そうした研究成果がリアルタイムでディスプレイに映し出されるように、博物館のフロントヤードとバックヤードの境をなくすような試みを行っています。これは研究標本資料がデータゆえに可能な方法ですが、これ以外にもこの場所で学会的なイベントを行ったり、実際の研究風景をガラス張りで見せるというような、バックヤードに限りなく近いミドルヤードをつくりました。

大学博物館のリニューアルを通した展示型収蔵の試み

「長野市戸隠化石博物館」「宇宙ミュージアムTeNQ」といったミドルヤードの経験をベースとして、東大博物館が現在、自館の取組みとして行っていることを紹介します。

先ほど述べたインターメディアテクの誕生で、私たちには多くのフロントヤードができました。そこで本郷の東大博物館のほうは2015年に収蔵中心のミュージアムとしてリニューアルを行いました。フロントヤードを手に入れたのでバックヤード中心の博物館にしようというわけです。

収蔵型展示ということで、いろいろなところでガラス張りの展示を行っていますが、こちらはむしろ収蔵庫の内部に入るような感覚、つまり展示の中に収蔵庫を垣間見るのではなく、収蔵庫に展示の要素を織り込ませる「展示型収蔵」という新しい概念です(写真17〜21)。

この「UMUTオープンラボ」では、収蔵をイメージした蔵のようなものがあるエントランスから入り、進化に合わせた標本展示もあります。その中で主役はやはり収蔵庫で、引出しを開けると雑然と収蔵品が入っています。また化石の研究をしているガラス張りの研究室にはキャビネットの上に展示が置かれています。動物標本などはオープンにそのまま展示されています。炭素の半減期を利用した年代測定を行っている

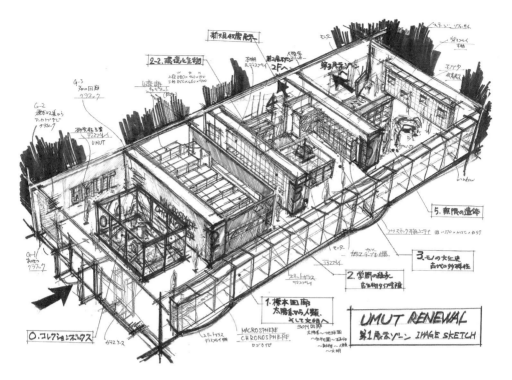

22 東京大学総合博物館のリニューアル計画

研究室では、その研究風景をガラス張りで見せられるようにしています（図22）。

最後に、私が在籍している丹青社がかかわった、大学における展示製作を紹介します。上智大学ソフィアタワーでは地域との繋がりを意識し、新たな情報発信空間を1階共用部に設えました（写真24）。また東京理科大学では既存のカフェを改装して、展示の要素も入れながらプレゼンテーションルームをつくっています（写真23）。

このように、東大の博物館に産学連携の研究部門をつくり、そこから知恵と工夫でいろいろな活動を広げているのです。

大学施設の展示製作

23 東京理科大学のサイエンス道場（2016年）

24 上智大学ソフィアタワーの展示（2017年）

オープンイノベーションをめぐるワークセッション

レクチャー発表者とフォーラム参加者全員による活発な議論を再録する (p.149参照)。

オープンイノベーションとは?

上甲 本章では「地域に根差した」とか「産官学に根差した」お話が中心だったと思いますが、オープンイノベーションという言葉が意味するところは非常に広範囲にわたります。少し広い範囲でも結構ですので、ご意見をうかがえればと思います。

張本 大成建設の技術部門におります張本です。普段は照明や空調の研究をしています。今、オープンイノベーションは企業でも重要となっており、自社の施設の中にそういう場を創ろうという動きがあります。弊社でもオープンイノベーションに特化した部署が新設され、さまざまな企業とディスカッションする動き、特に最近ではフューチャーセッションを行っています。たとえば「都市と健康」というテーマで未来の姿を想像しながら、今後どういう技術をつくっていったらよいか模索しています。また、私自身もさまざまな企業やお立場の方たちと連携して「健康な空間とはどういうものか」というテーマを一緒に考えています。

ここでは学校施設にかかわる話がメインでしたが、私自身、昔から各大学と共同研究を行ってきたなかで、2社だけでなく3社、4社とオープンに接していくことが企業のイノベーションに必要だと感じています。またオープンイノベーションのためにどのような空間が学校に求められているかについては、まさにLecture 1で紹介されたような、大きい空間の中にポストイットなどがどんどん貼れるような可動間仕切りがあるのが非常によいと感じました。

上甲 主に産と学という関係のなかで例を挙げていただきましたが、官と協働している具体的な例はありますか?

繁森 慶應義塾大学のケースで申しますと、官は産学連携の環境や場を提供してくれる役割を担う、というケースが多いですね。たとえば補助金や産学が参画できるプロジェクトや事業を提供してくれる、といったかたちです。ただ産官学が同じようなかたちで協働するというケースはあまりないですね。先ほどのケースでも自治体と大学が協定を結んで、そこで地元の企業と大学が研究や活動をするというような関係ですね。

上甲 「新川崎タウンキャンパス」は、市が主体で開発しているところに、産学が集まっているのでしょうか?

繁森 はい。自治体は地元の企業を育てたいという意向が強くあるので、そのために場を提供して、産学の力を借りようという考えではないかと思います。

上甲 繁森さんにもう一つうかがいたいのは、大学側としては「場を選ぶ」立場にあるわけですが、どういうポイントに重点を置いて場所の選択をされているのでしょうか?

繁森 大学としてはまったくゆかりのない場所に進出するのはリスクを伴いますから、何かしらそれまでにご縁のある地域と連携するかたちが多いですね。川崎市の場合は、いろいろな機会に慶應義塾との接点がありますので、そういうおつきあいの土台があって連携することが多いと思います。

上甲 私立も国立も「得られるメリットは何か?」ということを踏まえながら活動していると思いますが、縁のある場所を中心に展開されている慶應義塾と違って、東京大学はあまり縁のない場所に展開しているところに攻め方の違いを感じましたが、どうでしょうか?

洪 イノベーションは今までの既成概念を壊すことですから、複数の人や資源が集まってそれらを出し合う必要があります。リソースをもった人たちが、そのリソースを活かしながら、新たなリソースを生み出していくようなことの上に成り立ちます。

そういう意味で東大の博物館でいえば、標本は最先端のものではありませんが、たとえばモバイルミュージアムのように、そういったものと無縁な場に置いてみると面白い効果

を生み出します。ただ、置くためには床が必要ですから、たとえばそこで行政がパブリックスペースを提供してくれるとか、お互いにリソースをもち寄ることで今までできなかったものを生み出せるところが、オープンイノベーションの一番面白いところだと思います。アイデアや技術、資金、人脈のネットワークなど、それぞれがもっているリソースをお互いに発見し、うまくマッチングさせると新しいことが生み出せるのではないでしょうか。

和田 竹中工務店の和田です。洪さんがお話しされたリソースをもち寄ることに関して、たとえばワークプレイスからラーニングプレイスへ、リソースの共有もできるかもしれないと考えています。ワークプレイスの目的の一つは生産性を上げることですが、ラーニングプレイスでも学びや研究の生産性を上げるという流れが増えてくるかもしれない。生産性にはワークライフバランスが欠かせませんが、学びの分野でも、ラーンライフバランスという考え方、つまり時間の使い方を変えていくというのも、ラーニングプレイスのイノベーションとして生まれてくるのかもしれません。

IT企業や什器メーカーの取組み

上甲 IoT分野からご意見があればうかがいたいと思います。

宮脇 東和エンジニアリングの宮脇です。今、産学連携で学校のプロジェクトを手がけていますが、アクティブ・ラーニングやラーニング・コモンズのための部屋は大きな大学ではすでにひと通り完成しているので、今は映像系の設備など、その空間で学生生活に使えるICT技術をどう入れるかについて考えています。今取り組んでいることは、学生の生活の統計を取るということです。エリア検知ができるビーコンを開発し、教室などに生徒が出入りするのを感知するというシステムを構築しました。これによってある学生が図書館や教室にどのくらい滞在したか、という統計を取っています。こういったデータを通して、簡単にいえば優秀な学生は大学内で1日をどのように過ごしているのか分析したり、設備投資の配分を考えるのに利用したり、震災時の所在確認、そして学修効果にどう繋げるかなどについて、産学連携ということで大学と一緒に考えています。

上甲 先ほどお話に出た可動間仕切りを手がけられた会社の方に、ご意見をうかがいたいと思います。

橋爪 コトブキシーティングの橋爪です。これまでの研究フォーラムで、ラウンジやカフェテリアなども学修スペースとして有用だと学びましたが、建築の現場に納めている実情としては据え付けるかたちの家具が多く、可動式家具はまだ製品点数も多くありません。

ただ会社内でも可動式家具に取り組んでいこうということで、ある大学のプロダクトデザインの研究室と共同で、まずは大学のラウンジや食堂で家具がどのように使われているのか、どの時間帯に何人くらいの学生が滞在していて占有率はどれくらいなのかなどを研究して、今後の提案や製品開発に活かしていこうと、産学連携で研究を始めています。

早稲田大学のミュージアム計画

上甲 最近、博物館には滞在型というキーワードがあって、展示を見せるために人を集めるのではなく、そこで何か違うことができないかという取組みが盛んです。そういう「コト文化」のようなことは大学や教育施設になじみやすいのではないかと思っています。そのあたりの大学への展開などについて、大学関係の方からご意見をいただければと思います。

北野 早稲田大学の北野です。洪さんの発表は非常に刺激的でした。というのは、今まさに早稲田大学で大学ミュージアムを設置しようとしています。東大の事例は外部にリソースを出すという新しい試みでしたが、早稲田では学内に大学の歴史や今大学が何を目指しているのかなどを紹介する展示空間をつくろうとしています。そういうなかで洪さんの学術研究の内容をデザインして展示する考えに興味を惹かれました。

早稲田大学を知ってもらうというなかで、第1章で述べた演劇のような大学文化を発信することも考えています。いわゆる見せるだけのミュージアムは大学にふさわしくありません。研究こそ大学がもっている本分なので、早稲田大学のミュージアムでは見るだけでなく、来場された方がリサーチできるような環境を同居させたいと考えています。

イノベーションを生む空間のあり方

上甲 イノベーションに関して、設計者の立場で、岩﨑さんはどのような点に関心をもっていますか?

岩﨑 オープンイノベーションのキーワードとして、自分たちのなかで閉じないで、何かとぶつかり合う。違うものと組み合わせるという必要があると思います。その一つとして、「地域に根差す」ということなども含まれるように思います。

イノベーションを起こすきっかけとしては、異なるものを取り込んで、混ざり合って新しいものを生み出す。自分たちだけで閉じないで外に開くということが、これからの教育施設に求められることだと思います。オープンイノベーションという言葉は非常に広い意味をもち、議論のテーマとして難しいと思いますが、これからの学校を拓いていくためにも、このテーマは必要になってくると思います。

産学連携の話に戻ると、産学連携は必ずしもうまく成功している例ばかりではありません。それも踏まえて大学が別の組織と組んで新しいイノベーションを起こすためにはどうしたらよいのか、というあたりのご見解をどなたかいただけますか?

北野 繁森さんが90年代以降の慶應義塾の取組みを紹介されましたが、早稲田大学も非常に似た歩みをしてきております。たとえば2000年代前半にレンタルラボを早稲田大学がつくったり、ある研究テーマに対して官が資金援助を行い、その研究のための建物を建てるといったことが行われてきました。

そして現在、早稲田では新しい研究施設を創ろうとしています。これはこれまでと少し違う取組みで、研究テーマありきの箱ではなく、かといってリサーチパークのようなレンタルラボとしての研究施設でもない。そこに文系理系を超えてさまざまな分野の産学連携の研究チームが入るというものです。つまりさまざまな研究プロジェクトが一つの箱に入ることで、そこで新たなイノベーションを起こすということをテーマにしています。そのなかで、この建物内で一つの研究がさまざまな方向に、またまったく別の方向に展開するよう誘発するには、どのように空間をつくればよいのかを考えています。岩﨑さんが紹介されたような、恣意的に交流を促すような設えや偶発的なアイデアを創出する空間づくりを、この建物では挑戦してみたいですね。

もう一つ、ワークセッションの冒頭で上甲さんが指摘されていた地域との繋がりという点でお話しします。早稲田大学は歴史的に周囲の街の人たちに親しんでいただいている環境にありますが、その一方で研究施設というのは建築的にも非常に閉じた構成になり、地域の人からするとそこで何が行われているのかまったくわからない状態になることが多いですね。ですから研究施設ではあるがクローズドではなくオープンな施設にして、あるところまでは地域の方が自由に中に入ってこられたり、そこでどのような最新の研究がされていて、社会にどう還元されているのかが見えるような構成にしたいと思っています。

宮澤 戸田建設の宮澤です。一連のお話をうかがうなかで、岩﨑さんがスタンフォード大学の「dスクール」のご紹介で使われた、「ラフ」という言葉が一つのキーワードなのではないかと思いました。どのように分野の殻を破って他者と繋がれるかが、今後大切になってくると思います。また西洋と東洋でも空間の使い方の違いがあると思います。欧州やアメリカでは、空間に対してあまり細かくつくり込まず、間仕切りも可動であったりというお話がありましたが、実際、がらんどうの中にちょっとした仕掛けがあってその中を人が自由に利用します。しかし今の日本では「ここは籠って一人で集中するスペース」「ここはディスカッションをするスペース」といった感じで機能を決めつけているケースが多く見られます。このあたりは主体的に行動する西洋人と空間の作法に従う日本人という特徴が関係しているのかもしれませんが、日本人として日本の空間をどのようにつくっていくべきか考えることも大切だと感じました。

岩﨑 先日テレビ番組で、ある会社で活発な議論を行うために社内にテントをもち込んでいる、という取組みを紹介していました。

ここでも取り上げられている、少しくだけた「ラフな」インフォーマル

な場所というのは、活発に意見を交わす空間としてよいのではないかと私は思っています。本当は今日のこの空間ももっとバラバラな配置でやりたかったのですが（笑）。だから日本でももう少し使い手が自分たちの気分で切り替えられる空間をつくっていったほうがいいと思っています。

上甲　おっしゃる通りですね。最先端の企業を見ても、オフィス空間を自由に使って、知的生産性を上げる場所づくりをしていますね。

三つの要素のバランスを考える

洪　私は、大学ではお話ししたようなミュージアムにかかわる実験的な取組みをしているのですが、会社ではクライアント企業の課題を解決していくための施設や空間をつくる仕事をずっと手がけてきました。そういう立場で常々感じてきたのは、物事はハード、ソフト、システムという三つの要素からできている、ということ。ハードは器など、一番効果を生み出しやすい仕掛けです。ソフトはアイデア。そしてシステムはそれをうまく拾い上げて、どういう方向性で何を目指していくのかと方向性を決めること。このワークセッションでいえばファシリテーターである上甲さんのような役割です。

何かアイデアを生み出そうと思って皆が集まっても、イノベーションを起こすためにはファシリテーターが必要です。

また、気の利いた環境としてのハードも、効果を上げるには大きな力を発揮します。このように三つがうまくバランスするなかでオープンイノベーションが生まれているのではないでしょうか。もしかするとハードはどうでもよくて、ソフトとシステムがあればオープンイノベーションは生み出せるかもしれない。しかしながら、空間の効果というのは想像以上にあるので、きれいにつくるのではなく、構えずに「何でも発言していいんだ」という雰囲気を創り出すことがハードの役割になるのかもしれない。とかく日本はソフトから入っていきにくい、これは私が長年感じていることですね。だからソフトとシステムをうまく照らし合わせながら、そこにハードが良い影響を与えるというかたちが理想的なのかなと、現場にかかわるなかで感じています。

上甲　今のご意見は非常に示唆的なことが含まれていると思います。ファシリティという言葉にはハード的な意味とソフト的な意味があると思いますが、ソフトのほうのファシリティがきちんとできる人というのはなかなかいません。たとえば大学の管財部の方もそういう両輪を活かす部分で非常に悩んでいらっしゃると想像します。そういった課題の解決策というのはあるようでなくて、皆さん試行錯誤しながら、どこかが成功するとそれを勉強する、という繰返しでブラッシュアップされると感じています。この勉強会もそういうものだと思います。業界にかかわるさまざまな方が集まって議論を交えることで、いろいろな気づきや展望が見えたり、新たなネットワークが築けたりする。

岩﨑　「未来を拓くキャンパスのデザイン」というタイトルで、三つのテーマに分けて開催したフォーラムも最終回となりました。

私なりに3回のフォーラムでの発見を総括すると、1回目は、都市とキャンパスの関係というテーマが糸口となり、地域と一緒にキャンパス運営を考えている実例が多くあることがわかりました。2回目は、これからの学修環境を探る上でワークスペースとの類比が示唆に富む、といった仮説や、つくり込まないで可変性を残すというご提案がありました。そして3回目。本日のオープンイノベーションでは、プロジェクトメンバーが一つの場所に集まることの大切さについても議論しました。

設計者だけでは思いつかないこれらの提言やキーワードが現れたのも、さまざまな業種の方々にお集まりいただいた成果であり、とても有意義でした。

上甲　参加された皆さんそれぞれが未来の日本、あるいは未来の日本の子どもたちということを念頭に置きながら、今後教育施設をつくっていく。その目標が共有できたらいいと思っています。今の日本は海外勢にずいぶんと押されていますし、子どもたちにいかに「生きる力を与えられるか」ということが、私たちに課された大きな使命かと考えます。この勉強会で得られた知見や気づきを、何かの力として使っていただけたら、この会の目的が果たされるのではないかと思います。

※第3章：2017年12月5日開催の「これからのキャンパスを考える研究フォーラム」第3回をベースに再編

視察レポート
沖縄科学技術大学院大学

日建設計 **飯島敦義** IIJIMA ATSUYOSHI

イノベーションを意識して設立された研究・教育機関

2012年9月に開校した沖縄科学技術大学院大学（OIST：Okinawa Institute of Science and Technology Graduate University）は、基礎科学を基盤とした高度な学術的教育を行う、5年間一貫制の博士課程プログラムの大学院大学である。ファカルティ（教授・准教授）、研究者、学生が世界中から集まり、物理学、化学、数学、海洋科学、神経科学、分子細胞生物学といった幅広い分野の研究が行われている（教育・研究はすべて英語）。1人のファカルティに対して10人程度の研究者グループというのが標準的な体制であるが、数人の研究グループや、20名程度の大所帯のユニットもあり、専門領域の障壁を取り払った研究体制が敷かれている。学生は毎年30〜40人程度という、少数精鋭である。

生活を内包する「研究者の街」

キャンパスの入口付近はヴィレッジセンター、いわば居住エリアで、低層集合住宅が並んでいる。研究エリアはその奥の高台にあり、複雑な地形に広がる自然林230haを残し、希少生物の生息域への影響を最小限に抑えるよう慎重に配置を検討された、管理棟と3棟の研究棟がある。研究エリア全体のエントランスに当たる長いトンネル状のアプローチ空間を抜けると、地上階へのエレベータホールで、上方が一気に開放される。

キャンパスの一帯は、学ぶ・研究するにとどまらず、生活すら内包する「研究者のためにつくられた沖縄の街」であり、生活の場から世界最先端の研究の場へと、ごく自然に意識変換を促す空間構成がなされていた。

普通であることの可能性

世界的な研究競争に身を置く研究者や学生が、そこでいかに過ごせるのが望ましいか。世界最高水準を目指す集団が、その創造性を喚起するのに望ましいとされた空間は、不思議と特殊性をまといすぎてはいない。さも何年も前からそこにあったかのような、ごく当たり前の風景。少し広めで、ラボの活動がガラスを通して感じられる廊下、その突き当たりには外光が入る大きめの窓があり、落ち着いた色のソファーが置かれている。可動式ホワイトボードで区切られた内側にカラフルでユニークな形の家具が並ぶラーニング・コモンズではなく、廊下が拡張したようなオープンな広間に置かれた木製のテーブルと椅子のセットで、椅子が足りなければ床に座り込み、学生たちはマグカップに淹れたコーヒー片手に議論していた。その「普通さ」に、大きな可能性を感じた。

空間のつくり込みはユーザーリテラシーとは反比例すべきである、と

研究棟のインフォーマルスペースは、「普通であること」が創発を生むと教えてくれた

訪問日：2018年3月23日

上　トンネル状の空間から一気に開放される｜下　ガラスで区切られただけの廊下とラボ
右　キャンパス全景。海に近いほうにヴィレッジセンター、手前の高台に研究棟が並ぶ

は言いすぎかもしれないが、ユーザーのリテラシーが十分にあれば、過度な空間のつくり込みは不要であるとさえ感じた。家具見本市のようなラーニング・コモンズではなく、慣れ親しんだ「生活」の延長のようでいて、多様な空間を内包する設計作法。新しいイノベーションを起こすべく集まった人たちのためのこの大学院大学に通底していた「普通であること」こそ、新しい発見であった。

その距離をデザインする

「世界最高」は常に更新され続けていく。「最新」と同じくらい、定常というものがない。イノベーションを創発するための建築とは、変化を許容しその変化に追従できる余裕が必要なのであろう。

設計者は、措定した目的を意識しすぎてつくるのではなく、相手と場合に応じた他者との距離の調整を、建築の使い手たちに任せる、すなわち、「その距離をデザインする」のを許容したつくり方が望まれているように思った。

木の落とす陰は、人のために意図されてある空間ではない。
木々は自らの欲求で日を浴びて葉を繁らせ、その下に張る根を護るために深い影を宿す。木の下に身を寄せるのは、ぼくらの側の理由によるものだ。寄るな、迷惑だと、木々はそう思っているかもしれない。

益子義弘
『建築への思索―場所を紡ぐ』

この木のように、人も、空間も、自己中心的で利他的でもあるあり方が同時に成立するとき、心地好いと思うのではないだろうか。

建築や空間は有機物ではないので、そこに意思は介在しないが、それを生み出す側には強烈な思いがある。ともすると設計者は自己の思いを建築に憑依させ自己の延長として表現としてしまう。その憑依した状態が作家性にもなるのだが、同時に使う側はその作家性との距離を合わせにいくことを強いられる。OISTの空間は、その距離感を時代変化やその日の気分によって自由に可変できるような可能性を感じた。設計者がその「思い」を冷静に客観し、モノのデザインから関係性＝距離感のデザインまでも射程に入ったとき、もしかしたらこんな「普通を超えるふつう」というべき空間が生まれるのかもしれない。そして「ふつう」が形になったものこそが、揺れ動く（距離が変わる）日常の記憶の断片となり、それが醸造され時間とともに全体像（一定距離）を構築することになるのだ。

　ここまで、「未来のキャンパスをデザインする」ために、地域とキャンパスの関係・これからの学修環境・大学の枠組みを超えたオープンイノベーションの三つのテーマに沿って考えてきました。ここでは、編著者が設計した「慶応義塾大学三田キャンパス」「明治大学駿河台キャンパス」「東京理科大学葛飾キャンパス」「上智大学ソフィアタワー」という四つの特徴的な都市型キャンパスをケーススタディーとし、プロジェクトごとに前述の三つのテーマに対する解法をご紹介します。

　1枚の布（キャンパス）にたとえると、先の三つの章での考察を縦糸（社会的な背景、大学側が現在抱えている問題点と今後の課題）に、これからご紹介する四つのキャンパスが有するような個別の事情を横糸（敷地やプログラムといった与件）として、縦横の糸を相互に関連づけながら、ソフトとハードが掛け合わさり、「ひとつのかたち」として布を織り上げていく術を読み取っていただければと思います。

※1～3章で取り上げたテーマの重みづけに応じて大学によって各アイコンの濃度を変えています（濃：高　薄：低）

資料編
都市型キャンパスの
四つのケーススタディ

CASE 1

明治大学駿河台キャンパス グローバルフロント

オープンスペースを繋ぐ

　「明治大学グローバルフロント」は、「リバティタワー」「アカデミーコモン」と並ぶ、このキャンパス3本目のタワーである。大学院の研究室と講義のための空間に加え、1階には国際交流のためのグローバルホール、最上階には海外からのゲストを招く国際交流ラウンジを備えている。

　敷地のある御茶ノ水界隈は、坂が多いレベル差のある微地形と、緑の環境が特徴的な街である。また、ニコライ堂や聖橋といった歴史的な建物と新しい建物が対比的に共存する街でもある。これらの特徴を今回の敷地にも活かしたいと考えた。

　この建築は、駅からもよく見え内部の活動が学外にもアピールできる17階の〈タワー〉と、1階から4階までのタワーの足元には〈ステップコート〉と名づけた階段状にずれたフロアが中庭を囲む構成とした講義室を配し、2つの特徴を共存させた。

　3つのタワーが内包するキャンパスのオープンスペースを、敷地周辺の坂や階段、〈ステップコート〉により連続させることで、レベル差を活かした回遊性と緑のネットワークの構築を強化した。階段状にセットバックした〈ステップコート〉と、その異なるレベルを繋ぐ外部階段により、「異なる床レベルによって生じる、見下ろす・見上げるといったさまざまな見え方」による空間の広がりと連続性から、学生同士のコミュニケーションの創出を意図した。

　また、敷地前面の「とちの木通り」沿いの〈ステップコート〉の前面には、地区のデザインコードであるアーチのデザインを配した。このアーチはサイクロイド曲線を燐酸処理した鉄骨でつくり、3階に浮かぶメディアラウンジの軒空間や列柱とともに、軒下の1階部分に地域に開いたカフェを配置することで、開かれた大学キャンパスの領域を暗示し、都市と建築の境界を緩やかに創ることを狙った。

　段階的に建設が持続している駿河台キャンパスで、「リバティタワー」の屋上庭園、「アカデミーコモン」の〈明大スクエア〉や大きな軒下空間、「グローバルフロント」の〈ステップコート〉といったキャンパスのオープンスペースを連続して継承してゆくことが、都市とキャンパスを豊かにするものに繋がるのではないだろうか？

1 左から、リバティタワー、アカデミーコモン、グローバルフロントが並ぶ
2 木陰にベンチを配し、都市に開かれた〈明大スクエア〉

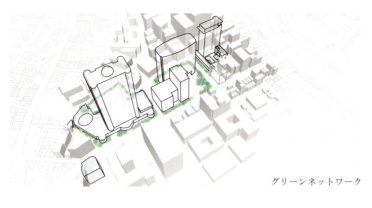

グリーンネットワーク

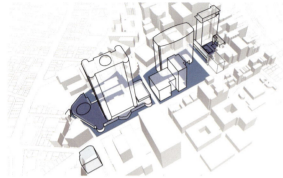

屋外空間

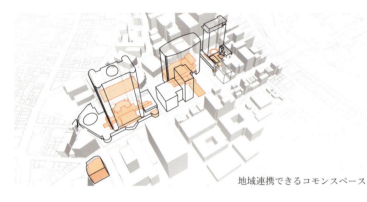

地域連携できるコモンスペース

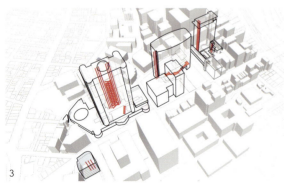

垂直動線

3 駿河台キャンパスオープンスペースネットワークのダイアグラム
4 「明大スクエア」と「ステップコート」を繋ぐアーチゲート
5 「とちの木通り」を見下ろし都市と繋がる「ステップコート」
6 「とちの木通り」の景観地区計画を継承したアーチ

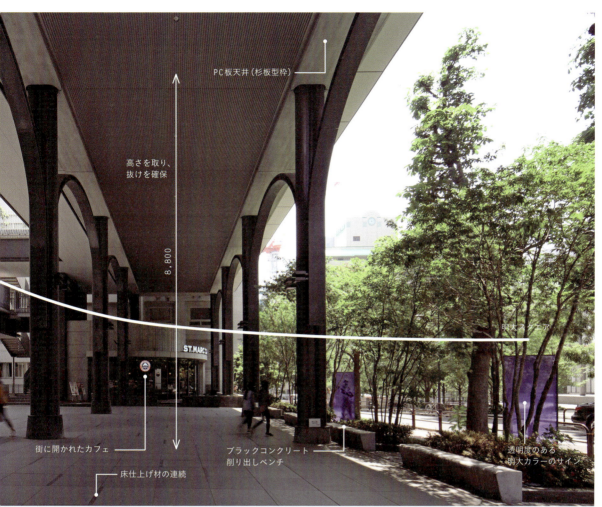

PC板天井（杉板型枠）

高さを取り、
抜けを確保

8,800

明大スクエア

街に開かれたカフェ

ブラックコンクリート
削り出しベンチ

透明度のある
明大カラーのサイン

床仕上げ材の連続

ステップコート

サイクロイド曲線の化粧アーチ
2H-198×198
溶融亜鉛めっき＋リン酸処理

明大スクエア

7,700

資料編　都市型キャンパスの四つのケーススタディ　119

7 交流を誘う吹抜け空間「コミュニケーションヴォイド」が連続する南側ファサード
8 上下階の交流を生む「ミーティングブース」
9 自然光を取り込んだエントランスホール
10 「とちの木通り」に面した開放的な多目的室
11 アーチゲート上の見通しのよい「メディアラウンジ」
12 3階平面図
13 1階平面図

9

12

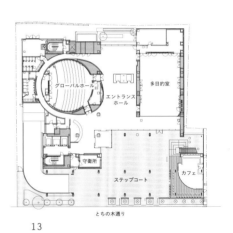

13

11

所在地	東京都千代田区
建築主	学校法人明治大学
設計・監理	日建設計
施工	建築　戸田建設
	電気　関電工
	機械　大気社
主要用途	大学院、研究室、事務室　ホール
敷地面積	3,224.09㎡
建築面積	2,382.79㎡
延床面積	16,905.52㎡
規模	地下1階、地上17階、塔屋1階
構造	S造、一部SRC造、RC造
竣工	2013年
参考文献	39

資料編　都市型キャンパスの四つのケーススタディ　　121

慶應義塾大学三田キャンパス
南校舎＋三田インフォメーションプラザ

新しいキャンパスの顔を創る

「南校舎」は、街とキャンパスの繋がりを意識したゲート状の建物とし、新しい三田キャンパスの「顔」を創った。国道1号線「桜田通り」とキャンパスの中庭とをゆったりとした大階段で繋ぎ、「キャンパスゲート」をくぐるという登下校のルートを再構築することが、三田キャンパスがもつ「記憶の継承」のデザインの鍵と考えた。

建物ボリュームは、キャンパスの既存建物との調和を図るよう、大学院校舎、図書館新館の約31mの建物高さと、古くからある第1校舎、塾監局の約16mの高さに「キャンパスゲート」の大開口高さを合わせることで、中庭側の二つの既存スカイラインを計画の高さに取り込んだ。

建物構成は、建物西側を交流ゾーン、東側を教室ゾーンとし、交流ゾーンには3階ラウンジ「社中交歡 萬來舎」や、4階を食堂、5・6階は680人ホールといった学生、教師、OBのコミュニケーションを誘発する場所とした。グループ学習室、1・2階の学生ラウンジはともにガラス張りとし、そこでのアクティビティがキャンパスのシンボルツリーである大銀杏のある中庭から見える位置に配置するなどの工夫で、学修意欲向上に役立てたいと考えた。

「桜田通り」との境界沿いに新築した「三田インフォメーションプラザ」は、1階が入試広報を中心とした情報公開、一部で慶應グッズの展示販売。2階は社会・地域連携室が入る事務空間と会議室である。国道沿いの細長いガラス張りのファサードは、学内の活動を広く外部にアピールすることを意図している。背面の丘の上に建つ「演説館」（明治8年建設）を意識し、情報を発信する機能の新旧の対比的効果を狙っている。

新しく建設されたこれら二つの建物は、建築の空間を介してさまざまな人が集まり情報を交換し、人的ネットワークの形成を助長するスペースを備えた大学施設である。

産学連携といった学外との協働や、学内の異なる学部間のイノベーションが加速し、増えていくなかで、交流ラウンジ「社中交歡 萬來舎」などの場や、そこを利用する多様な人々の存在は、協働を誘発し、サポートする人的ネットワークを構築する拠点となっていくだろう。

1　南校舎　南面全景
2　南校舎　「桜田通り」とキャンパスの中庭を緩やかに繋ぐ大階段の「キャンパスゲート」

エッジと緑

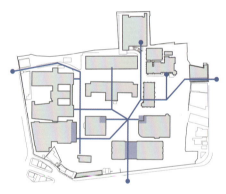

ノードとパス

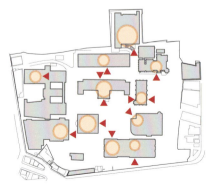

オープンネットワークと半屋外空間

コモンスペースとアクセス

3

4

5

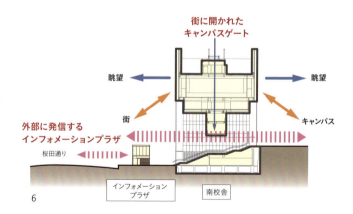
6

3　南校舎　三田キャンパスのオープンネットワークスペースプログラム
4　南校舎　中庭に面した2層吹抜けの学生ラウンジ
5　中庭と視覚的に繋がる建物構成
6　南校舎と「インフォメーションプラザ」が新たな街とキャンパスのネットワークをつくる
7　南校舎　街とキャンパスの繋がりを意識した「キャンパスゲート」

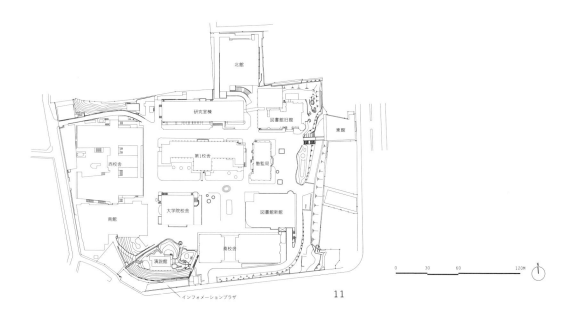

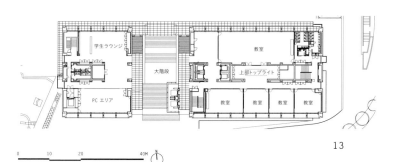

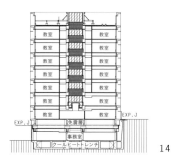

8 南校舎 3階の卒業生のコミュニケーションスペース「社中交歓 萬來舎」 | 9 「三田インフォメーションプラザ」は義塾の活動を広く外部にアピールするガラス張りのファサード | 10 「三田インフォメーションプラザ」1階のキャンパス案内、慶應グッズショップ | 11 配置図 | 12 南校舎 4階平面図 | 13 南校舎 1階平面図 | 14 南校舎 南-北断面図(教室部)

所在地	東京都港区
建築主	学校法人慶應義塾
設計・監理	日建設計

南校舎
施工	建築	錢高組
	電気	日本電設工業
	空調	第一工業
	衛生	日新設備
主要用途	教室、ホール、食堂	
敷地面積	50,046.80㎡	
建築面積	2,252.40㎡	
延床面積	14,876.94㎡	
規模	地下1階、地上7階、塔屋1階	
構造	S造、一部SRC造、RC造	
竣工	2011年	

三田インフォメーションプラザ
施工	建築	西松建設
	電気	振興電気
	機械	新日本空調
主要用途	案内所、物販、事務、会議室	
敷地面積	336.21㎡	
建築面積	249.68㎡	
延床面積	480.63㎡	
規模	地上2階	
構造	S造	
竣工	2017年	

参考文献	32

東京理科大学 葛飾キャンパス

都市との新たな関係を築く

敷地は旧三菱製紙工場の跡地である。この場所に大学を建てるために、建物の高さ、壁面の後退距離、有効空地などについて東京都、葛飾区と地区計画策定の協議を重ねることで、隣接する二つの公園と一体的に整備し、門やフェンスのない、地域に開かれたキャンパスが実現した。

隣接する二つの公園を〈ガーデンパス〉の横軸で繋ぎ、アプローチから図書館に向けて〈キャンパスモール〉の縦軸を配し、都市の中の公園という大きな「地」と建築の「図」の関係を創ることで、単体建築の集合体ではなくキャンパスとしての群造形を目指した。

キャンパスの骨格を形成する緩やかな秩序となるモールやパス、中庭などと連続するように、階段やテラス、食堂、売店、ギャラリー、ラウンジ、エントランスロビーといった学生のアクティビティの見える空間を配し、上下の移動や溜まり、交流や出会いのためのパブリックスペースと外部空間とを積極的に関連づけた。また、外部空間は、四季の変化を感じられるランドスケープを建築モジュールに織り込むことで、建物だけでなく、隙間や外部の余白のデザインを徹底した。

列柱のプロムナードや大庇・ピロティー、くぐり抜けるゲート状の空間や、挿入した光と風のボイド、階段室の床と壁の構成は、デザイン思想を各棟共通とした。キャンパス内に点在する場所で、これらの構成要素を関連づけながら繰り返すことで、点から線、面から立体へと、学生の動きの中でそれぞれがシークエンスとして結ばれ、一つのキャンパスとしてのまとまりを創ることを狙った。

プログラムとしては、図書館内部には葛飾区が運営する「わくわくこども未来館」があり、公園と連続した地域と連携するスペースをもつ。また、キャンパス内の食堂、図書館なども、地域住民が利用できるように運営されている。

この新キャンパスでの試みは、地域とともに時間を重ねながら育て・創り出していく「都市とキャンパスの新たな関係」を示唆するものである。開校して5年を迎えるこのキャンパスは、地域との関係が竣工当初よりも一層強化されており、街とキャンパスとのシームレスな融合は現在進行形である。

1 キャンパス全景　|　2 地域に開かれたキャンパスを象徴する全長250mの「キャンパスモール」。キャンパス軸のアイストップは地域交流の拠点となる図書館棟

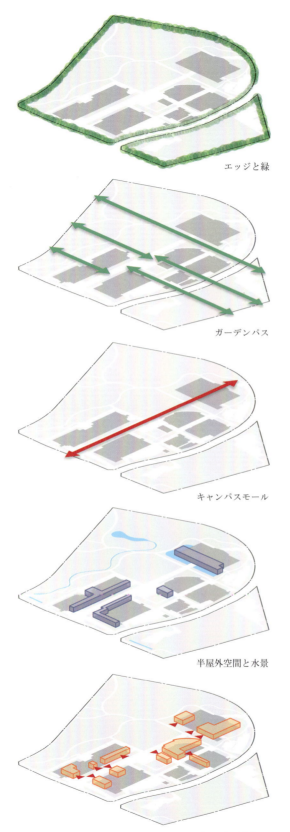

エッジと緑

ガーデンパス

キャンパスモール

半屋外空間と水景

コモンスペースとアクセス

3

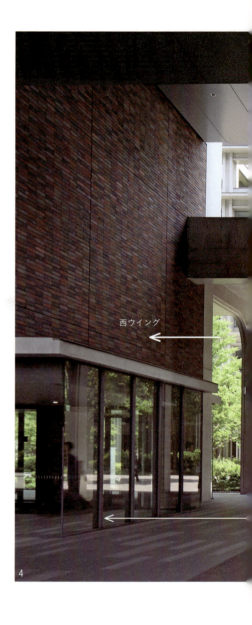

西ウイング

4

3　キャンパスのデザインコンセプトダイアグラムとなる構成要素　｜　4　研究棟の2層吹抜けピロティーをくぐり抜け、公園とキャンパスとを繋ぐ「ガーデンパス」　｜　5　四季の花々の咲く「ガーデンパス」　｜　6　公園から「キャンパスモール」に通じる「ガーデンパス」。パスの突当たりにはガラスで囲まれた管理棟のロビー空間　｜　7　講義棟コリドールより図書館棟を見る

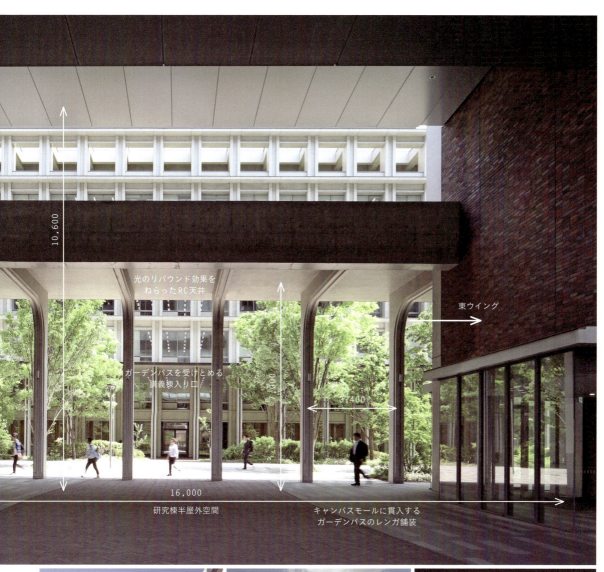

光のリバウンド効果を
ねらったRC天井

東ウイング →

ガーデンパスを受けとめる
講義棟入り口

研究棟半屋外空間

キャンパスモールに貫入する
ガーデンパスのレンガ舗装

柱間
3,400ピッチ

資料編　都市型キャンパスの四つのケーススタディ　　131

8 地域の人々も利用できる2層吹抜けの図書館
9 図書館ホールホワイエのガラス床
10 「葛飾みらい公園」内に建つ図書館南側全景

11 地域住民との交流の場ともなる600人収容のホール ｜ 12 災害時の学内一時避難所ともなる体育館メインアリーナ ｜ 13 コモンスペースとして「キャンパスモール」に沿って配置した食堂 ｜ 14 教員・学生の研究成果を学内外に広く発信する情報スペース ｜ 15 図書館棟1階で葛飾区が運営する「科学技術センター」。理科大教員による地元小中学生への出前授業等、地域交流の拠点としての役割を担う

16 図書館棟を囲む水景は公園の景観と一体となり、塀のないキャンパスの象徴となる
17 公園の水と緑を満喫できる屋外テラス
18 散策する人々の知的好奇心を誘う、キャンパスモール石畳に刻まれた科学者の偉業
19 全体配置図・1階平面図
20 3階平面図

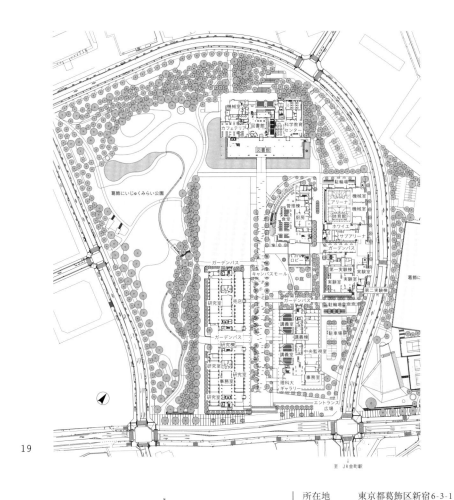

19

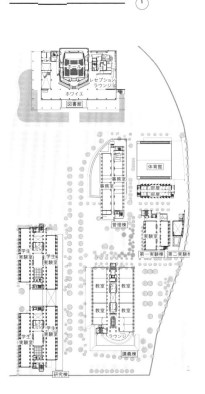

20

所在地	東京都葛飾区新宿6-3-1
建築主	学校法人東京理科大学
設計・監理	日建設計
インテリア	丹青社（情報スペース） 乃村工藝社（科学技術センター）
施工	研究棟・外構　鹿島建設 実験棟・管理棟・体育館　大成建設 図書館棟　竹中工務店
主要用途	教室、研究室、図書館、ホール、体育館
敷地面積	41,069.88㎡
建築面積	研究棟：5,332.65㎡ 講義棟：3,671.38㎡ 管理棟：2,587.36㎡ 図書館棟：4,754.19㎡ 体育館：2,380.17㎡
延床面積	研究棟：44,537.97㎡ 講義棟：16,956.46㎡ 管理棟：10,140.47㎡ 図書館棟：9,802.97㎡ 体育館：5,345.29㎡
規模	研究棟：地上11階 講義棟：地上7階 管理棟：地下1階、地上6階 図書館棟：地上5階 体育館：地上6階
構造	S造、一部SRC造、RC造
竣工	2013年
参考文献	36、37、38

CASE 4

上智大学四谷キャンパス
6号館ソフィアタワー

「四つのS」の学修環境を配す

ソフィアタワーは上智大学のキャンパス機能の再編とグローバル化の拠点創出を目的とした計画であり、低層部に大学施設、高層部にテナントオフィスを重ね合わせた複合施設である。敷地は街とキャンパスの交点に位置し、45度で交わる大通りとキャンパスストリートに挟まれた不整形な土地である。機能の複合と不整形な敷地に応え、大学の新たな顔を創り出す建物の形が求められていた。高層部は整形のオフィスをキャンパス軸に揃えて配置し、既存の2号館、7号館と三対をなす「上智大学の顔」を創出した。

ソフィアタワーの学修環境/コモンズの計画は、〈SCHOOL・学修/STUDO・実践/STAGE・発信/STREET・交流〉これら「四つのS」の学修環境を、吹抜け空間を中心に配し、「学修・実践・発信・交流のスパイラルアップを重ねながら学んでゆく」一連の学修環境/ラーニング・コモンズのあり方の可視化を試みた。

建物の中心にある3階から6階への吹抜けの階段＋エスカレータの回遊できる動線に面して「ラーニング・コモンズ」を配置することで、マグネット効果——人が集まる——を期待した。さらに1、2階でも大教室のホワイエ、ギャラリーを介して「ラーニング・コモンズ」を緩やかに連続させ、学生の回遊を誘っている。2、3階には吹抜けと連携した外部のテラスを配して、内外や上下の空間の連続性を実現した。3階の庇のある外部のテラスは既存の校舎と渡り廊下で接続し、キャンパス内の学修環境の連携を高めた。連続する学修環境には音環境も重要である。LVLの木質壁の背面に吸音材を施し、3階の床はタイルカーペットとし、吸音効果を高めた。光環境は、建物の中心であっても必ずどこかには開口部をとり、平・断面での外部との繋がりを意識した操作で自然光を取り入れた。

研究成果の発表や広報活動の拠点となる場所として、キャンパスと外部の接点となる国道沿いの利便性の高いキャンパスフロント1、2階に、大教室とギャラリーを配置した。さらに、LLC（ランゲージ・ラーニング・コモンズ）には人がサポートするカウンターを配し、人が集まり、それらが積極的に活用される工夫をちりばめた。

1 国道とキャンパス軸を重ね合わせた配置計画
2 四ツ谷駅側から全景を見る。大学とオフィスを一体的にデザインした

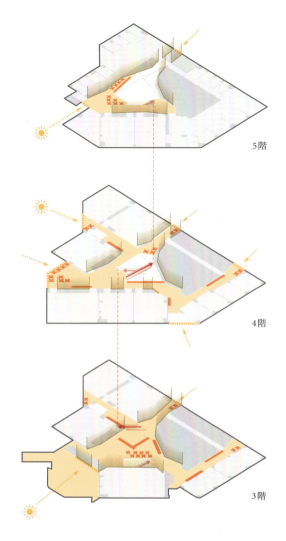

5階

4階

3階

3

3 学修空間のダイアグラム ｜ 4 建物中心にある回遊性のあるアトリウム ｜ 5 学生の交流の場となる屋外テラス ｜ 6 吹抜けまわりの自習スペース ｜ 7 売店のある1階ギャラリー ｜ 8 国際交流のLLCスペース

ガラスにより内部が見える教室

壁：LVL材＋グラスウール による吸音効果

Wi-Fi整備されたコモンズ空間

CH=11,200

4

5

6

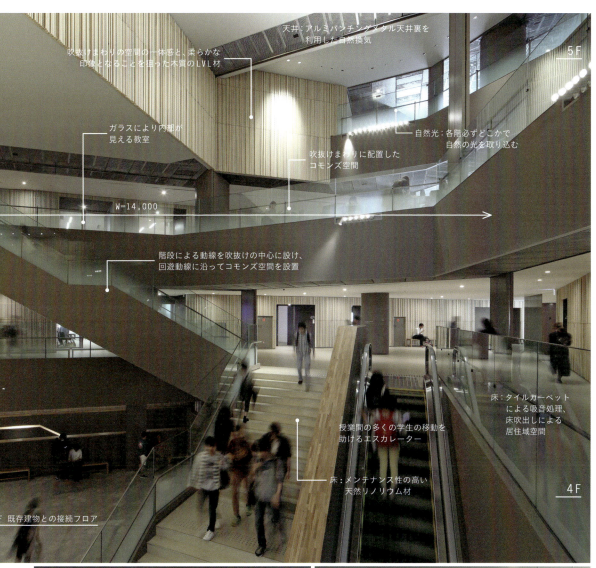

天井：アルミパンチングメタル天井裏を利用した自然換気

5F

吹抜けまわりの空間の一体感と、柔らかな印象となることを狙った木質のLVL材

自然光：各階必ずどこかで自然の光を取り込む

ガラスにより内部が見える教室

吹抜けまわりに配置したコモンズ空間

W=14,000

階段による動線を吹抜けの中心に設け、回遊動線に沿ってコモンズ空間を設置

床：タイルカーペットによる吸音処理、床吹出しによる居住域空間

授業間の多くの学生の移動を助けるエスカレーター

4F

床：メンテナンス性の高い天然リノリウム材

既存建物との接続フロア

7

8

9 4層吹抜けのアトリウム
10 アトリウムに面するガラス張りの教室
11 さまざまな角度をなし、吸音効果を高めた
　アトリウム内壁

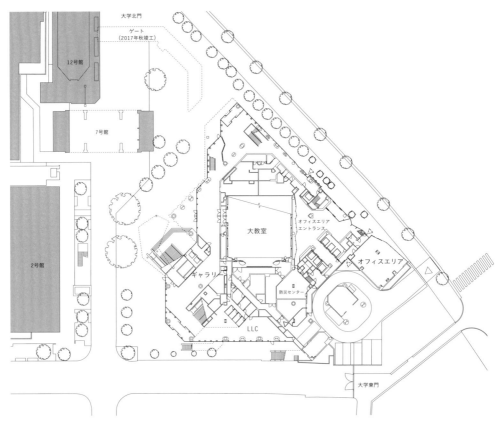

12

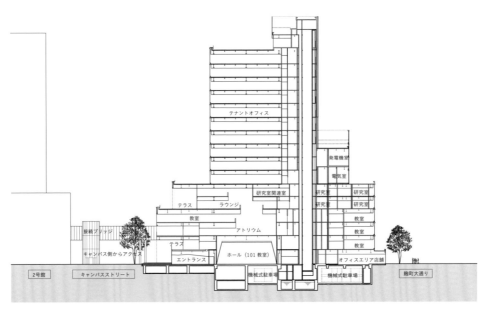

13

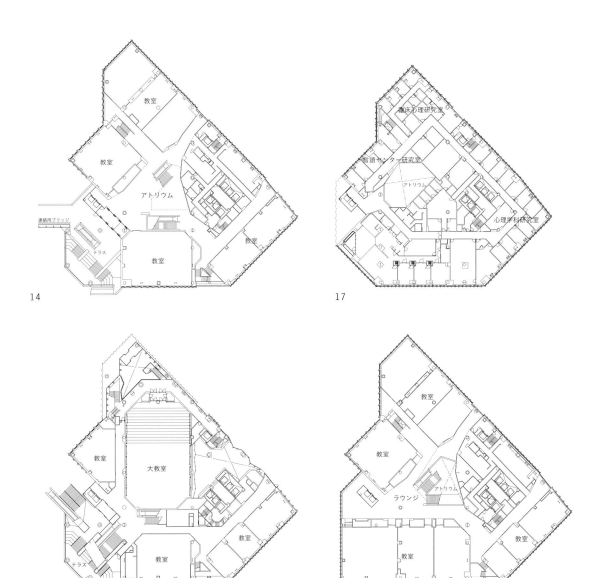

12 1階平面図 | 13 東-西断面図 | 14 3階平面図 | 15 2階平面図 | 16 4階平面図 | 17 6階平面図

所在地	東京都千代田区麹町6丁目1番1号、25号
建築主	学校法人上智学院
設計・監理	日建設計
施工	建築　大成建設
	電気　関電工
	空調　東洋熱工業
	衛生　大成設備
主要用途	教室、研究室、オフィス
敷地面積	5,683.63㎡
建築面積	3,775.78㎡
延床面積	38,855.41㎡
規模	地下1階、地上17階、塔屋1階
構造	S造、一部SRC造
竣工	2017年
参考文献	33、34、35

あとがき

　私は、これまでに、五度ほどデンマーク・オランダ、アメリカ東海岸、アメリカ西海岸、ウィーン・クロアチア、香港・シンガポール、それぞれの先端教育施設の視察を重ねてきました。本書のベースとなったセミナーの企画は、「これらの視察で得た知見を、教育施設研究フォーラムというかたちで発信をしてみませんか?」と日本テクノロジー研究所の輔野靖雄さんよりお誘いいただいたところからスタートしています。いろいろなお立場の方々が集まる貴重な機会なので、内容を記録にまとめて、大学の理事者や関係者の方々にも読んでいただけるものとして残しておいたほうがよいと考えたのが、本書の刊行の契機となっています。

　本書では、セミナーの他に、この研究フォーラムで視察した三つのキャンパスについてご紹介したコラムを増補しています。

　資料編の四つのケーススタディでは、私たちが設計にかかわった4つの都市型キャンパスを取り上げています。ここに収められた多くの写真は、竣工写真だけではなく、竣工後の年月を重ね、建物が使い続けられることで命が吹き込まれ、活き活きと使われている今の姿を映し出しています。

　これまでの海外の教育施設視察において現地でお世話になった方々のご協力なくしては、短い期間で、合計40校近い大学の、現地での数多くの活きた情報を得ることはできなかったと思います。デンマーク・オランダ視察(2012年)では、Henning Larsen ArchitectsのAmalia Gonzales Dahi氏、Hertzberger Architectsの Patick Fransen氏、Eric De Groot氏。アメリカ東海岸(2014年)では、古川真帆氏、SOM ArchitectsのColin Koop氏。アメリカ西海岸(2015年)では、シアトル大学准教授のNaomi Kasumi氏。ウィーン・クロアチア(2016年)では、前デルフト工科大学助手で現在は現地で事務所を開宰されている渋川美佐氏。香港・シンガポール(2017年)では、南洋工科大学のPeter Looker教授、シンガポール工科大学Facilities Management Office of Campus Development Manager のWong Wei Leng氏に感謝申し上げます。

　また、教育施設研究フォーラムでの発表の機会をつくってくださった日本テクノロジー研究所の輔野靖雄さん、国内、海外でのいろいろな関係者とのネットワークの種を私に授けていただきました。ありがとうございます。北米視察でご一緒した大成建設の上甲孝さんには、毎回のセミナーでファシリテーターとして入っていただきました。モデュレーターとしての今回の企画をサポートしてくださり、ありがとうございます。東京理科大学郷田桃代教授ならびに郷田研究室の皆様には、キャンパスアクティビティ調査に快くご協力いただき、ありがとうございました。末筆となりましたが、今回の企画の書籍化に当たり尽力をいただきました彰国社の鷹村暢子さんに心よりお礼申し上げます。

2018年盛夏
岩崎 克也

執筆者紹介

■レクチャー発表者（掲載順）

岩﨑克也　（いわさき　かつや）
1986年　東海大学工学部建築学科卒業
1991年　東海大学大学院工学研究科建築学専攻
　　　　博士前期課程修了
1991年　株式会社日建設計入社
　　　　設計部にて教育、福祉、研究・研修施設、文化施設、
　　　　オフィス等の設計に従事。
2007-2013年　東海大学工学部建築学科非常勤講師
2009-2013年　東京電機大学未来科学部建築学科非常勤講師
日本建設業会BCS賞、公共建築賞、日本建築士会連合会賞
（優秀賞）、東京建築賞（最優秀＋東京都知事賞）などを受賞
現在、日建設計 設計部長
本書と関連した視察歴他
2012-2017年　海外先端教育施設視察 計約40校
　　　　（デンマーク・オランダ・アメリカ東海岸＋西海岸・
　　　　オーストリア・クロアチア・香港・シンガポール）
2017年～　日本テクノロジー研究所主催
　　　　教育施設研究フォーラム モデュレーター
2018年　『未来を拓くキャンパスのデザイン』編著

及川清昭　（おいかわ　きよあき）
1976年　東京大学工学部建築学科卒業
1984年　設計事務所勤務を経て東京大学大学院
　　　　（博士課程）修了、工学博士
　　　　東京大学生産技術研究所助手、
　　　　東京大学大学院新領域創成科学研究科助教授を歴任
2003年～　立命館大学理工学部建築都市デザイン学科教授
　　　　現在、学校法人立命館キャンパス計画室長を兼務

北野寧彦　（きたの　やすひこ）
1995年　早稲田大学理工学部建築学科卒業
2004年～　学校法人早稲田大学総合企画部
　　　　（現キャンパス企画部）にて、
　　　　大学施設の企画・建設・改修・保全等に従事。
　　　　現在、キャンパス企画部 企画・建設課長

上甲　孝　（じょうこう　たかし）
1986年　東京理科大学工学部建築学科卒業
1986年　大成建設株式会社入社
1989年～　本社設計本部にて、オフィス、大規模開発、研究施設、
　　　　教育施設、スポーツ施設等の設計に従事
　　　　現在、建築設計第二部長

岡　純平　（おか　じゅんぺい）
2008年　岡山県立大学デザイン学部工業工芸デザイン学科
　　　　（建築デザインコース）卒業
2008年　株式会社イトーキ
　　　　教育施設や民間オフィス等の設計に携わる
　　　　現在、関西デザイン設計室所属

若原　強　（わかはら　つよし）
2001年　東京大学大学院工学系研究科
　　　　（環境海洋工学専攻）修了
2011年～　SIer、経営コンサルティングファーム、
　　　　広告代理店を経て、コクヨ株式会社入社
2016年　コクヨ株式会社ワークスタイル研究所所長
　　　　新しい働き方の研究・発信に従事
2017年　自身の働き方実験の一環として
　　　　個人事業主でのコンサルティング業も創業

繁森　隆　（しげもり　たかし）
1983年　東京都立大学工学部建築工学科卒業
1983年　旭化成工業株式会社住宅事業部
1992年　慶應義塾施設部
2013年～　慶應義塾 管財部 部長、一級建築士

洪　恒夫　（こう　つねお）
1985年　武蔵野美術大学造形学部卒業
1985年～　株式会社丹青社
　　　　博物館、テーマパーク、博覧会等のプランニング、
　　　　デザイン、プロデュースに従事
　　　　現在、デザインセンター エグゼクティブ
　　　　クリエイティブディレクター
2002年～　東京大学総合研究博物館教員を兼務
　　　　現在、東京大学総合研究博物館 特任教授

■ ワークセッション発言者（掲載順）

第1章

輔野靖雄　（すけの　やすお）
日本テクノロジー研究所　研究フォーラム推進室長

吉原和彦　（よしはら　かずひこ）
学校法人明治大学　調達部施設課

植村剛士　（うえむら　つよし）
学校法人順天堂 大学キャンパス・ホスピタル再編事業事務局

山本統之　（やまもと　のりゆき）
竹中工務店　営業本部部長

八嶋一志　（やじま　かずし）
大成建設　設計本部設備設計第一部

森　清　（もり　すすむ）
日経BP社　『日経アーキテクチュア』副編集長

内藤麻美　（ないとう　あさみ）
新建築社　『新建築』編集長

第2章

縄田　浩　（なわた　ひろし）
戸田建設　計画設計部第4設計室長

竹森邦彦　（たけもり　くにひこ）
岡村製作所　パブリック営業部部長

飯島敦義　（いいじま　あつよし）
日建設計　設計部門設計部主管

柴田千晶　（しばた　ちあき）
イトーキ　営業推進部教育市場推進室

飯田　稔　（いいだ　みのる）
学校法人順天堂 大学キャンパス・ホスピタル再編事業事務局

清水　賢　（しみず　さとし）
大成建設　設計本部設備設計第一部

腹子達朗　（はらこ　たつろう）
ヒガノ　東京営業所所長

第3章

張本和芳　（はりもと　かずよし）
大成建設　技術センター 都市基盤技術研究部エネルギー研究室

和田義貴　（わだ　よしたか）
竹中工務店　医療福祉・教育本部教育グループ長

宮脇一史　（みやわき　かずし）
東和エンジニアリング　教育ソリューション営業部次長

橋爪　涼　（はしづめ　りょう）
コトブキシーティング　営業本部教育施設部主任

宮澤秀輔　（みやざわ　しゅうすけ）
戸田建設　計画設計部第4設計室

編著者紹介

編著：日建設計／岩崎克也（以下、特記なきは日建設計）
一部執筆：岩崎克也、飯島敦義、田丸正和、浅子佳英（タカバンスタジオ）
編集協力：青谷瑞樹、飯島敦義、石崎健一、伊藤佐恵、伊藤洋子、馬場雅博、木村太一、
小倉琢哉、竹内稔、田丸正和、近本直之、塚田眞基、角田大輔、飛田早苗、難波聡史、中村芽久美

「これからのキャンパスを考える研究フォーラム」活動内容

主催：日本テクノロジー研究所　モデレーター：岩崎克也（日建設計）　ファシリテーター：上甲孝（大成建設）

■ 第1回研究フォーラム
開催：2017年3月6日、東京イノベーションセンターSYNQAにて
メインテーマ：
　地域とキャンパスの新しい関係性について

■ 第2回研究フォーラム
開催：2017年5月15日、東京イノベーションセンターSYNQAにて
メインテーマ：
　これからの学修環境を考える

■ 第3回研究フォーラム
開催：2017年12月5日、NSRIフォーラムにて
メインテーマ：
　大学の枠組みを超えたオープンイノベーション

■ 第1回教育施設視察会
開催：2017年4月14日
訪問施設：立命館大学大阪いばらきキャンパス

■ 第2回教育施設視察会
開催：2018年3月9日
訪問施設：上智大学茨四谷キャンパス6号館
　　　　　「ソフィアタワー」

■ 第3回教育施設視察会
開催：2018年3月23日
訪問施設：沖縄科学技術大学院大学

■ 海外の先端教育施設の視察

2012年　デンマーク・オランダ
　　　　デンマークIT大学
　　　　コペンハーゲン大学
　　　　デルフト工科大学
　　　　ユトレヒト大学　他

2014年　アメリカ東海岸
　　　　ハーバード大学
　　　　マサチューセッツ工科大学
　　　　イェール大学
　　　　ペンシルバニア大学　他

2015年　アメリカ西海岸
　　　　カリフォルニア州立大学
　　　　スタンフォード大学
　　　　オックスフォード大学　他

2016年　ウィーン・クロアチア
　　　　ウィーン経済・経営大学
　　　　クレムスドナウ大学　他

2017年　香港・シンガポール
　　　　香港大学
　　　　香港理工大学
　　　　香港城市大学
　　　　シンガポール国立工科デザイン大学
　　　　国立南洋工科大学　他

図版・写真提供 (特記のないものは岩崎克也提供)

近藤眞道（大成建設）：p.13-1・2
大成建設：p.19-29、p.138
立命館大学：p.21、p.22、p.24-9、p.25-14、p.26-17、p.27-19・21〜23
早稲田大学：pp..29〜35
田丸正和：pp..48〜49
上甲　孝：pp..59〜65
岡　純平：p.75
若原　強：pp..76〜77
浅子佳英：p.84
東海大学：p.89
竹内　稔（日建設計）：p.97-22〜25
慶應義塾大学：pp..99〜101
東京大学総合研究博物館：p.105-12
洪　恒夫：p.107-22

写真撮影

篠澤　裕：pp..6〜7、p.16-15・18、p.17-21・23、p.18-25・26・28、p.38-2・3・4、
　　　pp..44〜45、p.117-2、pp..118〜119、p.121、p.123、p.125、p.126-9・10、p.130-4
近代建築社（篠澤建築写真事務所）：p.140-4・6、p.141-7・8、p.142-9
岡本公二：p.16-16・17、p.17-20、p.18-27、p.56-7、p.57-10、p.112-左、
　　　p.113、p.116-1、p.120、p.122、p.124、p.126-8、p.128、p.129、p.131-5・6・7、
　　　p.132、p.133、p.134、p.135-15、p.136-16、p.139、p.140-5、p.143
庄野　新：p.23、p.24-10・12、p.25-13・15、p.26-16・18、p.42-7
近代建築社（K' s Photo Works：野口兼史）：p.24-11
スペースワン：p.27-20
アカマフォトスタジオ：p.54-1
エスエス大阪支店：p.54-2
エスエス名古屋支店：p.55-3、p.56-8
米倉写真事務所／米倉栄治：p.55-4・5、p.57-9
エスエス九州支店：p.55-6
エスエス 新名　清：p.57-11
スタジオK／狩野正和：p.80-3
フォワードストローク：p.103、p.104、p.105-13・14・15・16、p.106、p.107-24
ミヤガワ：p.107-23、p.135-14
東出清彦：p.112-右
Kプロビジョン：p.136-17
エスエス東京支店（走出直道）：p.142-10

参考文献

第1章

1. 河合雅司 著『未来の年表──人口減少日本でこれから起きること』講談社、2017
2. 北坂和浩 編『ぴあMOOK(首都圏版) 楽しい大学に出会う本──大人のための大学活用ガイド』ぴあ、2017
3. 岡本史紀 著「私立大学の都心回帰続々」『大学時報』、2016 https://daigakujihou.shidairen.or.jp/download/?issue=369&section=5
4. 明治大学史資料センター 編『明治大学小史──〈個〉を強くする大学130年』学文社、2011
5. William J. Mitchell Afterword by Charles M. Vest "Imagining MIT:Designing a Campus for the Twenty-First Century (MIT Press)"、The MIT press、2011
6. 嘉悦康太 著「戦後日本における高等教育行政の時代的区分化の試み:教育分野での行政改革及び規制緩和の流れを踏まえて」『嘉悦大学研究論集』2009 https://ci.nii.ac.jp/naid/110007366927/
7. 建築思潮研究所 編『建築設計資料108 大学施設──高度化・多様化・市民に聞く』建築資料研究社、2007
8. 「高等教育分野における規制改革のあり方及び国立大学の『独立行政法人』化に対する私立大学の対応方策」平成14年3月19日、社団法人日本私立大学連盟 経営委員会、2002 https://www.shidairen.or.jp/download?file_id=50
9. 「規制改革の推進に関する第1次答申(平成13年12月11日総合規制改革会議)」中央教育審議会大学分科会 将来構想部会(第4回) H13.12.25、2001 http://www.mext.go.jp/b_menu/shingi/chukyo/chukyo4/002/gijiroku/011201/011201b.htm
10. Douglas Shand-Tucci著 "Harvard University:An Architectural Tour (The Campus Guide)"、Princeton Architectural Press、2001
11. Bainbridge Bunting著、Margaret Henderson Floyd編 "Harvard:An Architectural History (Belknap Press)"、Belknap Press、1998
12. 木村儀一編集・監修『明治大学記念館1928▶1995』学校法人 明治大学、1996
13. 『SD別冊28──大学の空間』鹿島出版会、1996

第2章

14. 10+1 WEB SITE「第4回:学ぶ場の設計から学ぶ──ラーニング・コモンズと美術館、岩崎克也(建築家 日建設計)+西澤徹夫(建築家 西澤徹夫建築事務所主宰)+浅子佳英(建築家 タカバンスタジオ主宰)+森純平(建築家 PARADISE AIRディレクター)」、2018 http://10plus1.jp/monthly/2018/02/hachinohe-04.php
15. NPO法人ミラック「『クリエイティブな学びが生まれる空間のデザイン』第1回ワークショップ」2017年2月2日(木)18時30分〜21時 http://www.wacoal.jp/studyhall/school/files/20170202_wacoal_WS_01_report.pdf
16. 日本の人事部「Interview キーパーソンが語る『人と組織』──楽しく働き、成長することができる『プレイフル』な学び方・働き方とは?」2015 https://jinjibu.jp/article/detl/keyperson/1155/
17. 「初等中等教育における教育課程の基準等の在り方について(諮問)」『26 文科初第852号』平成26年11月20日、中央教育審議会、2014 http://www.mext.go.jp/b_menu/shingi/chukyo/chukyo0/toushin/1353440.htm
18. 上田信行・中原淳 編著『プレイフル・ラーニング──ワークショップの源流と学びの未来』三省堂、2013
19. von BUS architektur "CAMPUS WU── EINE HOLISTISCHE GESCHICHTE" BOA buero fuer offensive aleatorik、2013
20. 「新たな未来を築くための大学教育の質的転換に向けて〜生涯学び続け、主体的に考える力を育成する大学へ〜(答申)」2012年8月28日、中央教育審議会、2012 http://www.mext.go.jp/b_menu/shingi/chukyo0/toushin/1325047.htm
21. 加藤信哉・小山憲司 編訳『ラーニング・コモンズ──大学図書館の新しいかたち』勁草書房、2012
22. 「大学図書館の整備について(審議のまとめ)──変革する大学にあって求められる大学図書館像──」2010年12月 科学技術・学術審議会 学術分科会 研究環境基盤部会 学術情報基盤作業部会、2010 http://www.mext.go.jp/b_menu/shingi/gijyutu/gijyutu4/toushin/1301602.htm
23. 山内祐平著『学びの空間が大学を変える──ラーニングスタジオ/ラーニングコモンズ コミュニケーションスペースの展開』ボイックス、2010
24. 「学士課程教育の構築に向けて(答申)」2008年12月24日、中央教育審議会、2008 http://www.mext.go.jp/b_menu/shingi/chukyo/chukyo0/toushin/1217067.htm

第3章

25. 野村総合研究所「平成28年度産業技術調査事業(大学発ベンチャーの設立状況等に関する調査)」平成29年2月、2017 http://www.meti.go.jp/press/2017/04/20170426002/20170426002-2.pdf
26. 科学技術・学術政策局 産業連携・地域支援課 大学技術移転推進室「平成27年度 大学等における産学連携等実施状況について」平成29年1月13日、2017 http://www.mext.go.jp/component/a_menu/science/detail/__icsFiles/afieldfile/2017/03/29/1380185_001.pdf
27. 第3調査研究グループ 鈴木真也、永田晃也「アンケート調査から見た日本企業による国際産学共同研究の現状」文部科学省 科学技術・学術政策研究所2015年9月 http://www.nistep.go.jp/wp/wp-content/uploads/NISTEP-DP125-FullJ.pdf
28. 近藤正幸「大学の技術分野別の研究資源と産学連携の状況とそれらの関係」2015年3月13日 https://www.jstage.jst.go.jp/article/jjsip/11/2/11_2_51/_article/-char/ja/
29. 科学技術・学術政策局 産業連携・地域支援課 大学技術移転推進室「平成25年度 大学等における産学連携等実施状況について」平成26年11月28日、2014 http://www.mext.go.jp/a_menu/shinkou/sangaku/__icsFiles/afieldfile/2014/12/15/1353580_01_1.pdf
30. スコット・ドーリー+スコット・ウィットフト 著、イトーキ オフィス総合研究所 監修、藤原朝子 訳『make space──スタンフォード大学dスクールが実践する創造性を最大化する「場」のつくり方』阪急コミュニケーションズ、2012
31. 木村英樹 著『ソーラーカーで未来を走る──太陽光がつくる自然エネルギーについて考えよう』くもん出版、2011

資料編関連文献

32. 『近代建築』(2017年8月号)「慶應義塾大学三田インフォメーションプラザ」近代建築社
33. 『近代建築』(2017年6月号)「上智大学四谷キャンパス6号館(ソフィアタワー)」近代建築社
34. 『GA JAPAN』(2017年 通巻146号)「上智大学四谷キャンパス6号館(ソフィアタワー)」エーディーエー・エディタ・トーキョー
35. 『新建築』(2017年4月号)「上智大学四谷キャンパス6号館(ソフィアタワー)」新建築社
36. 『近代建築』(2013年8月号) pp..168―177「東京理科大学 葛飾キャンパス」近代建築社
37. 『新建築』(2013年7月号) pp..76―83「東京理科大学 葛飾キャンパス」新建築社
38. 『新建築』(2013年7月号)「明治大学グローバルフロント」近代建築社
39. 『GA JAPAN』(2013年 通巻123号) pp..55―68「東京理科大学 葛飾キャンパス」エーディーエー・エディタ・トーキョー
40. 建築激写資料室 mirutake.fc2web.com/iwasaki.htm

未来を拓くキャンパスのデザイン

2018年11月10日　第1版　発　行

編著者	日建設計／岩﨑克也
発行者	下　出　雅　徳
発行所	株式会社　彰　国　社

著作権者との協定により検印省略

162-0067　東京都新宿区富久町8-21
電　話　03-3359-3231　（大代表）
振替口座　　00160-2-173401

自然科学書協会会員
工学書協会会員

Printed in Japan

©日建設計　2018年

印刷：壮光舎印刷　製本：誠幸堂

ISBN 978-4-395-32119-3 C 3052　http://www.shokokusha.co.jp

本書の内容の一部あるいは全部を、無断で複写（コピー）、複製、および磁気または光記録媒体等への入力を禁止します。許諾については小社あてご照会ください。